岭南理论视野丛书

人民币汇率演化机制
——基于噪声交易视角

The Mechanism of RMB Exchange Rate Evolution
A Noise Trading Perspective

吴圣金　著

南方传媒　广东人民出版社

·广州·

图书在版编目（CIP）数据

人民币汇率演化机制：基于噪声交易视角 / 吴圣金著 . —广州：广东人民出版社，2023.12

ISBN 978-7-218-15926-3

Ⅰ . ①人… Ⅱ . ①吴… Ⅲ . ①人民币汇率—汇率机制—研究

Ⅳ . ① F832.63

中国版本图书馆 CIP 数据核字（2022）第 157214 号

RENMINBI HUILÜ YANHUA JIZHI——JIYU ZAOSHENG JIAOYI SHIJIAO

人民币汇率演化机制——基于噪声交易视角

吴圣金 著

出 版 人：肖风华

责任编辑：廖智聪
封面设计： 广州六宇文化传播有限公司
　　　　　 Guangzhou Luyu Culture Communication Co., Ltd.
责任技编：吴彦斌

出版发行：广东人民出版社
地　　址：广州市越秀区大沙头四马路 10 号（邮政编码：510199）
电　　话：（020）85716809（总编室）
传　　真：（020）83289585
网　　址：http://www.gdpph.com
印　　刷：广州市豪威彩色印务有限公司
开　　本：787mm×1092mm　1/16
印　　张：16.25　字　　数：260 千
版　　次：2023 年 12 月第 1 版
印　　次：2023 年 12 月第 1 次印刷
定　　价：36.00 元

如发现印装质量问题，影响阅读，请与出版社（020-85716849）联系调换。
售书热线：020-87716172

编委会

主　任：张广宁

副主任：尹德慈　林盛根

委　员：陈　述　刘　朋　许德友　周　峰　胡　霞

赵　祥　陈家刚　吴育珊　梁道刚　王玉云

宋儒亮　陈晓运　岳芳敏　张　谨　王升平

阴江烽　段华明　郑志国

《岭南理论视野丛书》总序

习近平总书记在全国党校工作会议上指出，党校姓党，决定了党校科研要紧紧围绕党的中心工作展开，在党的思想理论研究方面有所作为，为坚持和巩固党对意识形态工作的领导、巩固马克思主义在意识形态领域的指导地位作出积极贡献。党校（行政学院）作为党的思想理论建设的重要阵地和重要智库，要根据时代变化和实践发展，加强理论总结和理论创新，为发展 21 世纪马克思主义、当代中国马克思主义作出努力，充分发挥干部培训、思想引领、理论建设、决策咨询作用，为新时代坚持和发展中国特色社会主义服务。

理论是行动的先导，思想是前进的旗帜。当今世界正经历百年未有之大变局，经济全球化遭遇挑战，全球治理面临着复杂形势，国际秩序处在关键路口，我国新时代新发展也正迎来新征程。在这大变革大调整大发展之中，出现许多新情况和新问题，需要广大理论工作者深化理论研究，把握经济社会新特点、新规律，厘清发展思路，明确发展方向。党校（行政学院）要发挥学科优势、研究优势、人才优势和系统优势，聚焦党和国家中心工作、党委和政府重大决策部署、社会热点难点问题进行深入研究，及时反映重要思想理论动态，提出有价值的对策建议，为党委和政府提供决策参考。

《岭南理论视野丛书》是由中共广东省委党校（广东行政学院）专家学者撰写的理论研究系列成果，是由校（院）资助出版的丛书。这套丛书重视理论性和学术性，在对重大现实问题的研究上注重理论提升，力图形成以理论性和学术性为基础，具有岭南视野与党校（行政学院）特色的系列著作。我们希望丛书的出版，对理论工作者尤其是领导干部学习研究习近平新时代中国特色社会主义思想，提高逻辑思维和理论分析水平，深入理解当代中国特别是广东经济社会发展的现状和趋势，将会有所补益。

学无止境，探索真理的道路是漫长而又艰辛的，对《岭南理论视野丛书》的作者们来说，情形亦是如此。没有批评，就没有进步。我们期待着各界方家大师的指点。

本书编委会

2020 年 6 月

目 录 MULU

第一章　绪论 / 001

　　1.1 研究背景 / 001

　　1.2 研究意义 / 003

　　1.3 研究框架 / 005

　　1.4 研究创新 / 007

第二章　理论基础与文献综述 / 010

　　2.1 外汇市场微观结构理论 / 011

　　2.2 噪声交易视角下汇率决定的文献综述 / 017

　　2.3 央行干预的文献综述 / 024

第三章　人民币外汇市场的发展历程 / 033

　　3.1 人民币汇率市场化改革历程 / 033

　　3.2 人民币外汇市场的交易制度 / 040

　　3.3 人民币外汇市场的央行干预 / 045

　　3.4 本章小结 / 048

第四章　噪声交易视角下的人民币汇率演化模型研究 / 051

　　4.1 引言 / 051

4.2 模型设定 / 055

4.3 模型的动态均衡解 / 058

4.4 本章小结 / 064

第五章　央行干预下的人民币汇率演化模型研究 / 067

5.1 引言 / 067

5.2 模型设定 / 070

5.3 模型的动态均衡解 / 074

5.4 本章小结 / 081

第六章　噪声交易视角下人民币汇率演化的实证研究 / 084

6.1 引言 / 084

6.2 实证模型与估计 / 087

6.3 实证结果和分析 / 093

6.4 本章小结 / 102

第七章　人民币外汇市场央行干预效果的实证研究 / 104

7.1 引言 / 104

7.2 央行干预短期效果的实证研究 / 108

7.3 央行干预长期效果的实证研究 / 114

7.4 本章小结 / 123

第八章　外汇市场改革与跨境资本管理的国际借鉴 / 125

8.1 外汇市场改革的国际借鉴 / 125

8.2 跨境资本管理的国际借鉴 / 131

8.3 政策启示 / 143

第九章　人民币国际化的前景展望 / 147

9.1 人民币国际化的发展历程 / 147

9.2 货币国际化的经验借鉴 / 157

9.3 人民币国际化的实现路径 / 166

第十章　结语 / 169

10.1 研究结论 / 169

10.2 政策建议 / 173

10.3 研究展望 / 177

参考文献 / 180

附录一　《银行间人民币外汇市场交易规则》 / 204

附录二　人民币国际化大事记 / 218

第一章

绪论

1.1 研究背景

传统汇率决定理论在投资者同质、公开信息等假设下，使用基于宏观基本面因素（如利率、经济增长、货币供应量、通胀等）的结构模型来解释汇率的决定与波动。但众多实证结果表明，许多汇率的变动无法用传统的基本面汇率模型来解释，特别是三大汇率之谜：汇率脱离之谜、过度波动之谜和汇率非线性之谜。于是，研究者们开始考虑将外汇市场的微观结构纳入基本面模型之中，借鉴证券市场微观结构理论（Market Microstructure Theory），将外汇市场的市场结构、外汇交易制度、交易过程，以及市场参与者的构成和行为等微观基础作为切入点探究考察汇率决定与波动的规律。其中，外汇市场的微观结构研究方法主要分为两类：噪声交易法（Noise Trading Approach）和资产交易法（Asset Trading-theoretic Approach）。其中，噪声交易法认为外汇市场上存在基本面交易者和噪声交易者两种类型的代理人（Agent），基本面交易者根据宏观经济和政治等基本面因素确定汇率的未来价格，而噪声交易者（亦称为技术分析者）则根据汇率过去的市场价格和波动趋势来预期汇率的未来走势。

1994 年，我国对外汇管理体制进行重大改革，实现人民币官方汇率与市场汇率并轨，建立银行间外汇交易市场。自 2005 年 7 月 21 日开始，为完善人民币汇率形成机制，充分发挥市场在资源配置中的决定性作用，我国按照主动性、渐进性、可控性原则有序推进外汇市场及人民币汇率形成机制的市场化改革，其总体目标是：建立健全以市场供求为基础的、有管理的浮动汇率体制，保持人民币汇率在合理、均衡水平上的基本稳定。完善人民币汇率形成机制改革，是充分发挥市场在资源配置中起决定性作用的内在要求，也是我国金融扩大开放、健全宏观调控体系的重要内容。推进人民币汇率形成机制改革，有利于提升宏观经济的自我调节配置的能力，有利于充分利用"两种资源"（国内、国外资源）和"两个市场"（国内、国际市场），有利于促进企业增强自主创新能力。

人民币汇率形成机制市场化改革（简称汇改）以来，人民币外汇交易量持续增长，外汇市场的市场化程度在深度和广度上均呈现有力拓展，外汇市场微观结构不断发展成熟，具体表现为以下几个方面：（1）银行间外汇交易机制的多样化。2006 年 1 月 4 日，人民币即期银行间外汇交易市场在竞价交易方式的基础上增加询价交易方式和引进做市商。丰富的交易方式使得不同交易方式之间实现优势互补，既有利于保证市场流动性，满足不同的交易方式需求，降低交易成本，又有利于提高人民币汇率定价的市场化程度。（2）银行间外汇交易参与主体异质性不断提高。汇改以来，银行间外汇市场的准入条件不断放松。截至 2020 年 12 月底，人民币银行间外汇市场共有即期会员 711 家、远期会员 255 家、掉期会员 251 家、货币掉期会员 207 家、期权会员 159 家，包括境内银行、财务公司、基金证券、企业集团和境外清算行等类型。市场参与主体的日益丰富有利于活跃外汇市场，发挥外汇市场的价格调节和资源配置能力。（3）人民币汇率日交易波动区间不断扩大，中间价报价机制日益完善。央行于 2012 年 4 月将银行间即期外汇市场人民币兑美元汇率日波动区间由 5‰ 扩大至 1%，于 2014 年 3 月由 1% 扩大至 2%，汇率日交易波动区间的扩大有利于增强人民币汇率的双向波动的弹性和灵活度。2015 年 8 月，央行完善人民币兑美元汇率中间价报价机制，中间价的报价参考上日银行间人民币汇率收盘价，使得中间价制度更加透明，市场化程度进一步提高。（4）交易品种和交易币种的不断丰富。外汇市场化改革以来，市场中的交易品种由起初的即期交易和部分银行试点的远期交易两类产品不断扩充，增加了掉期、货币掉期、期权、外币对和外币拆借等交易品种。同时，交易币种也日益丰富，涵盖美元、欧元、日元等 30 多种跨境收支结算货币。丰富的交易品种和交易币种，便于经济主体管理汇率风险和降低外汇的交易成本。

随着人民币汇率市场化改革力度的持续加大，人民币国际化稳步推进，人民币汇率的演化机制给我们带来不少思考。在此中国特色的外汇市场制度安排下，人民币汇率如何决定与演化？我国外汇市场的微观结构安排对于我国的外汇市场和人民币汇率演化有何影响？其中的作用机制如何？央行的干预如何对外汇市场产生作用及其效果如何？这就是本书研究的出发点。

1.2 研究意义

在国内，目前我国对外汇市场微观结构模型和相关实证的研究极少。在国际上，虽然外汇市场微观结构模型不少，但在噪声交易视角下研究人民币汇率演化机制的模型仍然比较少见，相关实证文献更是屈指可数。本研究采用噪声交易理论，根据我国外汇市场的制度特征，构建人民币汇率演化模型，考察人民币汇率的演化规律和央行干预效果；同时，本研究基于噪声交易视角实证研究人民币汇率演化的运动方程和央行干预效果。本研究在深入考察人民币外汇市场微观结构的基础上，使用噪声交易动态模型和马尔可夫机制转换模型（Markov Regime Switching Model）及时变转换概率模型等计量方法研究人民币汇率的演化规律和央行干预效果，在研究视角和研究方法上均有较大突破。因此，本研究有利于拓宽和丰富人民币汇率决定理论和央行外汇干预理论。

当前，我国人民币正处于市场化和国际化的快速发展期，人民币汇率关系着国家宏观经济的健康运行和市场微观主体的投资决策。这一方面给我国经济发展带来新的机遇，有利于我国更加有效地配置国内、国外两个市场和两种资源；另一方面也使得我国宏观经济形势变得更为复杂多变，更容易受到外部的冲击和传染。本研究通过动态模型推演和实证研究估计来探寻人民币汇率演化的运动规律、揭开人民币汇率实际运行规律、推演央行干预的作用效果和考证央行干预的实际效果；借鉴外汇市场改革与跨境资本管理的国际经验教训，总结分析外汇市场改革过程中应该遵循的基本原则、方法步骤和注意事项。因此，本研究为市场参与者和监管部门打开人民币汇率演化规律和央行干预机理的"黑匣子"，对完善人民币汇率形成机制和外汇干预机制，提高我国人民币汇率管理的科学性具有重要的现实意义。

1.3 研究框架

围绕人民币汇率演化机制和央行干预效果的研究主题，在回顾总结人民币汇率市场化改革历程的基础上，本书将在噪声交易视角下采用理论建模和实证研究相结合的研究方法，考察人民币汇率演化的运动规律和央行干预效果。全书共分为八章，各章的内容安排如下：

第一章，绪论。本章阐述了本研究的研究背景、研究意义、研究思路与研究框架以及主要的创新之处。

第二章，理论基础与文献综述。本章首先简要介绍了外汇市场微观结构理论，回顾了噪声交易视角下汇率决定理论和实证研究的主要观点和研究进展。最后，总结分析噪声交易视角下央行干预的研究进展，介绍央行干预影响汇率的作用渠道和干预效果。

第三章，人民币外汇市场的发展历程。本章主要回顾了人民币汇率市场化改革历程，总结分析了当前人民币外汇市场的交易制度特征，介绍了人民币外汇市场央行干预的基本方式。

第四章，噪声交易视角下的人民币汇率演化模型研究。本章在深入分析我国外汇市场特征的基础上，构建一个基于噪声交易视角的人民币汇率演化模型，考察市场中基本面交易者和噪声交易者的动态变化和人民币汇率演化的运动轨迹。

第五章，央行干预下的人民币汇率演化模型研究。本章将央行干预引入第四章的人民币汇率演化模型中，考察央行干预对于市场交易者的影响和人民币汇率在央行干预下的运动轨迹。

第六章，噪声交易视角下人民币汇率演化的实证研究。本章利用马尔可夫机制转换模型对自 2014 年 3 月扩大汇率浮动幅度以来至 2015

年3月的人民币汇率日数据实证研究人民币汇率演化的主要影响因素和运动方程。

第七章，人民币外汇市场央行干预效果的实证研究。本章在噪声交易视角下，运用时变参数的向量自回归模型（Time-Varying Parameter Vector AutoRegression，TVP-VAR）和时变转换概率模型（Time-Varying Transition Probabilities，TVTP）实证研究人民币外汇市场央行干预的短期效果和长期效果，从现实的汇率数据探寻人民币外汇市场央行干预的实际效力。

第八章，外汇市场改革与跨境资本管理的国际借鉴。本章总结分析国外典型国家外汇市场改革的经验教训以及跨境资本管理的理论逻辑，归纳提出了外汇市场改革和跨境资本管理过程中应该遵循的基本原则、方法步骤和注意事项。

第九章，人民币国际化的前景展望。本章从人民币国际化的内涵出发，系统梳理人民币国际化的发展脉络，总结分析不同国家货币国际化的经验教训，进而提出人民币国际化的实现路径。

第十章，结语。本章系统总结了全书的研究结论，针对我国人民币汇率演化的特点提出相应的对策和建议，并指出未来的研究方向。

综上所述，本书的研究思路与框架可如图1-1所示：

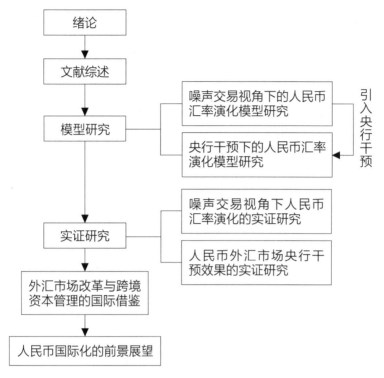

图 1-1　本书的研究框架

1.4 研究创新

本研究基于噪声交易视角，采用理论推演和实证研究相结合的研究方法考察人民币汇率演化的运动规律和央行干预效果，研究视角新颖独特、研究方法科学合理。

首先，在研究视角上，传统汇率决定理论从经济增长、购买力平价、利率平价、国际收支和资本流动等宏观基本面因素结构模型来解释汇率的决定。随着人民币汇率市场化改革的不断深化，人民币外汇市场的参与者中不仅有基本面交易者还有噪声交易者，市场参与者的异质性显著提高。本文在深入分析我国外汇市场微观结构特征的基础上，基于噪声交易视角构建人民币汇率演化模型，理论推演和实证研究人民币汇率演化的运动规律和央行干预效果，研究视角新颖独特。

其次，在研究方法的应用上，本文针对噪声交易视角下人民币汇率演化的区制转换和时变性特点，采用较为前沿的计量经济方法实证研究人民币汇率的演化规律和央行干预效果，能够很好地阐释和估计噪声交易视角下的人民币汇率演化的运动规律和央行干预效果。这些方法在目前人民币汇率演化机制的研究中仍然运用得较少，丰富了人民币市场微观结构的研究思路和研究方法。

具体而言，主要体现在以下几个方面：

第一，本研究首次基于噪声交易视角构建了一个基本面交易者和噪声交易者比例根据外汇市场噪声状况动态调整的人民币汇率演化模型，探寻人民币汇率演化的运动规律。研究结果得到了不同外汇市场条件下人民币汇率收敛于基本面价值的条件，还解释了汇率非线性之谜和超调之谜的产生机制。

第二，本研究首次构建了一个央行干预下的人民币汇率演化模型，考察央行干预对于市场交易者的影响和人民币汇率在央行干预下的运动轨迹。研究结果得到了不同外汇市场状况下，央行干预使得汇率收敛于基本面汇率的条件，为我国人民币汇率的科学管理提供理论依据。

第三，本研究首次构建了反映人民币中间价和交易价浮动幅度等外汇市场微观结构的噪声交易模型，采用人民币汇率等日数据，使用马尔可夫机制转换模型对其进行估计，实证研究了人民币汇率的演化过程，通过不可观察的内生变化的马尔可夫链状态变量来捕捉人民币汇率演化过程中的结构变点和机制转换特征，克服了主观划分机制区间的弱点。

第四，本研究首次在噪声交易框架下采用人民币汇率等日数据和月数据，运用时变参数的向量自回归模型（Time-Varying Parameter Vector AutoRegression，TVP-VAR）和时变转换概率模型（Time-Varying Transition Probabilities，TVTP）实证研究人民币外汇市场央行干预的短期效果和长期效果。利用时变参数的向量自回归模型和时变转换概率模型的时变性特征，能较为精准地考察央行干预效果。

第二章

理论基础与文献综述

汇率决定理论（Exchange Rate Determination Theory）是国际金融学的核心领域之一。从宏观层面来说，汇率关系着一个国家整个经济的运行效果；从微观层面来说，汇率是一个国家所有资产的参照系和对外贸易的价格基准。因而，汇率受到学者和市场各方参与者的广泛和高度关注。噪声交易视角下的外汇市场微观结构研究已积累了相当多的研究成果，本部分主要对目前国内外相关问题的研究进展进行回顾。

早期的汇率决定理论从宏观经济的角度出发，研究经济增长、国际贸易、物价和利率等基本面因素对汇率决定的影响。随着世界外汇体系的不断发展、全球商品和资本市场的日益开放以及一体化，早期的汇率决定理论受到严重挑战。众多实证证据表明，传统宏观汇率决定理论模型的解释力和预测力低下（Meese & Rogoff，1983a，1983b；Frankel & Rose，1995）。学者们将传统汇率理论无法解释，不被实证证据所支持的外汇市场异象归纳为汇率决定之谜（Foreign Exchange Rate Determination Puzzle）、交易量放大之谜（Trade Volume Amplification Puzzle）和过度波动之谜（Excess Volatility Puzzle）。于是，部分研究者另辟蹊径，借鉴证券市场微观结构理论解构外汇市场参与者的构成和决策行为、信息结构、外汇交易制度和外汇交易过程等市场微观结构特征，以期解开这些汇率异象的谜团。

2.1 外汇市场微观结构理论

　　市场微观结构的概念最早由 Garman 在 1976 年的一项有关做市商考虑存货成本的证券投资交易行为的研究中首次提出。市场微观结构理论尽管出现得比较早，但是直到 1987 年 10 月的全球股灾才真正得到学术界和实务界的广泛重视和研究，并迅速发展成为现代金融学中的一个重要分支。O'Hara（1995）将市场微观结构理论定义为"给定交易规则下，对资产的交换过程及其结果的研究"。Madhavan（2000）则定义市场微观结构为投资者用价格和交易量表达潜在需求的过程。因此，市场微观结构理论是研究金融资产在特定市场交易规则下的价格发现和形成机理，从而揭示市场微观结构对资产定价的影响。

　　Evans（2013）的《货币市场微观结构》（*The Microstructure of Currency Markets*）对外汇的市场微观结构特征有着权威深刻的著述。外汇市场微观结构的主要特征有：（1）外汇市场是两层市场结构，包括银行间市场和零售市场。外汇交易通过电话或者电子信息工具在全世界 24 小时交易，但是其中大多数银行间交易都在伦敦、纽约、东京、新加坡和法兰克福五大金融中心进行，尤其是伦敦。大多数交易也集中在主要金融中心的白天时间进行。（2）银行间外汇市场有直接交易和间接交易两种模式。20 世纪 90 年代中期前，银行间交易的主要形式是两银行交易商直接相互协商进行外汇交易。此后，大多数银行间交易商通过在电子经纪交易系统（Reuters D2000–2 和 EBS）提交市价指令和限价指令，间接向电子经纪商买卖外汇。电子经纪交易系统根据最优价格排列和配对外汇交易。（3）外汇交易商不具有银行间外汇交易的完整信息。电子经纪商提供交易价格的信息，但是交易商看不到决定市场流动性的限价指令结构。交易商同时在银行间市场交易，只能看到自己参与的交易信息。（4）银行间外汇交易商面对外汇头寸在规模和期限的约束。交易商的隔夜头寸一般很小甚至为零。（5）银行在零售市场满足客户的外汇指令。银行获得的客户指令流（Order Flow）是银行的私有信息，因而拥有众多客户的大银行拥有信息优势。（6）客户指令流有来自资产配置、投机和风险管理等的需求。

不同于传统宏观汇率决定理论，外汇市场微观结构理论认为指令流、私有信息和交易者的异质性是决定短期汇率的关键因素，从外汇交易过程的微观结构角度研究分析汇率的决定与波动。Lyons（1995）利用 Dealing 2000-1 的马克/美元汇率分别检验和证实了指令流影响价格的存货机制和信息机制，从而开启了基于市场微观结构方法研究外汇市场和汇率决定的热潮。Lyons（1997）在借鉴吸收市场微观理论模型的基础上，刻画了多个做市商同时交易（做市商在一定时间内不知道其他做市商的交易情况）、做市商拥有客户私有信息和市场交易量庞大的外汇市场微观结构特征，提出了外汇市场微观结构理论的经典模型——"热土豆"同时交易模型。该模型也解释了外汇交易量庞大之谜，他认为当一个投资者向一个做市商提出一个较大规模的买卖指令时，导致做市商偏离最优的存货水平，使得做市商将多余的头寸转移给其他做市商，形成的"热土豆"效应（Hot Potato Effect）使得交易量放大。Lyons（2001）在归纳总结众多研究成果的基础上，出版了《汇率的微观结构研究》（*The Microstructure Approach to Exchange Rate*），标志着外汇市场微观结构理论框架的初步成型。

指令流是外汇市场微观结构研究的核心变量。指令流是带符号的交易量，主动交易者的买卖指令流决定指令流的正负号。正的指令流代表主动买入，负的指令流代表主动卖出。总的指令流之和为正数表示外汇市场中存在净买压；总的指令流之和为负数表示外汇市场中存在净卖压。调查研究发现，外汇交易者认为指令流是外汇市场的关键变量，指令流携带和传递私有信息（Taylor & Allen，1992；Menkhoff，1998；Lui & Mole，1998；Gehrig & Menkhoff，2004）。Cheung & Chinn（2001）调查发现，56%的交易者认为大银行由于具有更多的客户和更好的信息而具有信息优势。更多的客户具有更好的信息，也从侧面说明指令流是解释交易机制的关键变量。Cai et al.（2001）实证研究1998年日元对美元的汇率波动发现，新闻对汇率波动有重要作用，但是指令流的作用更为重要。指令流对揭示私人信息和相关汇率变动具有重要作用。Gehrig & Menkhoff（2004）调查研究发现，除了基本面信息和技术分析，对指令流的分析是专业投资者研究汇率的第三条信息途径；指令流有助于专业投资者洞察汇率的准基本面的私人信息。

Evans & Lyons（2002a）构建和估计了一个包含宏观因素（利率）和市场微观因素（指令流）的市场微观结构模型，发现汇率的变化与指令流高度正相关。Evans & Lyons（2002b）实证发现，对于大多数汇率而言，指令流对汇率变化的解释力超过65%，说明指令流是汇率日变化的重要决定因素。Marsh & O'Rourke（2005）利用2002年8月至2004年6月的客户指令流的日数据实证研究发现：不同客户的指令流和汇率的变化有不同的相关关系，逐利的金融机构的指令流与汇率变化呈正相关，非金融公司的指令流与汇率变化则通常呈负相关；一个货币对的指令流通常与其他汇率变化相关；金融公司的指令流比非金融公司的指令流包含更多的汇率价值信息。这可能是由于金融公司更为密切地关注汇率变化，也可能是金融公司接收到汇率信息时表现更为进取。这些研究结果都进一步证实了指令流确实包含信息。Love & Payne（2008）使用 VAR 模型实证研究表明，公共宣布的宏观经济信息不仅导致汇率变动，也导致了指令流与汇率变动方向一致的显著改变。平均来说，三分之一的汇率信息是通过指令流传导到汇率中。Iwatsubo & Marsh（2014）的研究表明，汇率变化和指令流与宏观新闻的发布相关性较低，金融公司的指令流反映了宏观经济的实时演化。新闻公布时，汇率已经包含了信息的大部分。

1. 资产交易法

外汇市场微观结构理论的研究角度主要分为：资产交易法和噪声交易法。资产交易法由 Lyons（1997）在同时交易模型（Simultaneous Trade Model）中首先提出。该模型刻画了分散的、多个风险厌恶的做市商以及交易量巨大的外汇市场微观结构特征。该模型假设做市商是同时交易的。因而，做市商无法观测到其他做市商与客户之间交易的私有信息。于是，做市商的存货变得不可预测，从而造成了外汇市场的"热土豆"现象。Evans 和 Lyons（2002a，2002b）进一步拓展，将市场微观结构理论引入汇率决定的宏观模型中，投资者具有不同的预期，信息通过指令流被市场消化，构建了一个包括宏观变量（利率）和微观结构变量（指令流）的资产组合变动模型（Portfolio Shifts Model，PSM），从资产组合的角度研究分析外汇交易过程中指令流的私有信息的传递和市场参与主体的最优化决策。相比传统的宏观汇率决定模型，资产交易法更多考虑了信息融入价格的过程，以及指令流在信息传递过程中所扮演的关键角色。

Evans（2013）在《货币市场微观结构》中对外汇市场微观结构模型中的资产组合变动模型做了权威总结。文中在总结分析货币市场微观结构特征的基础上，构建了一个资产组合变动模型，刻画了一个包含众多风险厌恶的交易商与一个经纪商、风险厌恶的投资者与交易商在一天之内买卖一个货币对的交易过程，研究外汇银行间市场和零售市场的交易如何影响即期汇率，每天可看作三个交易回合。零售市场在第一回合交易，交易商同时报价接受投资者任何规模的买卖指令，所有参与者都可以观察到报价信息，客户指令流信息只有交易商知道。银行间外汇交易发生在第二回合，经纪商和交易商在外汇市场同时独立报价，每个交易商同时独立地与其他交易商或者经纪商交易，所有交易商都可以观察到报价信息。第二回合结束时，所有交易商和经纪商观察到银行间的总指令流。第三回合时，零售市场再次开放，经纪商和交易商再次同时独立报价，投资者观察到所有的报价信息并进行交易。资产组合变动模型的日交易流程简化了实际的交易过程，但是却很好地描述了交易商如何通过交易获得客户指令流包含的外汇信息，并且反映在当天的末尾时的报价上。这个信息的产生过程为交易行为与汇率动态的实证研究提供了重要的预测。

2. 噪声交易法

1986 年，Black 在 *The Journal of Finance* 发表文章《噪声》(*Noise*)，首次提出和界定金融市场中的噪声。市场中的价格既有真实的经济信息也包含噪声，噪声产生于对未来偏好和技术的不确定性，也导致经济周期的周而复始。1990 年，De Long et al. 创造性地提出著名的 DSSW 模型。这是一个市场中包含噪声交易者和基本面交易者两类交易者、风险资产和无风险资产两类资产的噪声交易模型。噪声交易者信念的不可预测性形成资产价格的风险，减少了基本面投资者的逆向买卖。因而，资产价格甚至会在没有基本面风险的情况下显著偏离基本面价值。该模型解释了金融市场中的包括证券市场价格的过度波动和均值回复等在内的众多金融异象。噪声一方面妨碍投资者观察、估计和推断金融市场现状和变化，从而降低市场的运行效率，但另一方面，噪声是金融市场流动性存在的基础，噪声交易者越多，市场中的流动性越充足，噪声使得金融资产得以交易。

Frankel & Froot（1990）通过调查分析证实了噪声交易者的存在，并且发现由于噪声交易者的存在，汇率在短期内偏离由基本面决定的汇率水平且波动性增加。Lui & Mole（1998）对香港外汇交易者使用基本面分析和技术分析调查发现：在短期预测上，交易者更倾向使用技术分析，但是随着时间长度变长，基本面分析者则渐渐变多。技术分析在预测趋势时比基本面分析有用一些，但是在预测拐点上，基本面分析比技术分析明显更有用。与利率相关的新闻是预测汇率相对重要的基本面因素。移动平均和其他趋势跟踪分析技术是最重要的技术分析工具。学者们开始关注到市场参与者的异质性，运用噪声交易法研究"汇率制度之谜"。

De Grauwe & Dewachter（1993）首次在多恩布什模型框架的基础上构建了外汇市场上存在基本面交易者和噪声交易者两种类型的代理人的噪声交易模型。基本面交易者根据购买力平价（Purchasing Power Parity）确定汇率的基本面价值，当汇率超过均衡价格时，基本面交易者预期汇率会下降，反之亦然。因而，基本面交易者对市场有负反馈效应，是外汇市场稳定的源泉。而噪声交易者（亦称为技术交易者）则将汇率的过去变动外推汇率的未来变动，对市场汇率变动具有正反馈效应，是外汇市场不稳定的源泉。De Grauwe & Grimaldi（2006）构建了含有交易成本、噪声交易者和基本面交易者两类型代理人比例随两种投资策略的利润而调整变化的噪声交易模型。Bauer et al.（2009）将外汇市场噪声交易模型进一步拓展，将可信的目标区间对投资者的预期的影响引入模型之中。研究发现，汇率区间制使得汇率将较长时间停留在目标区的中心，显著降低汇率的波动性。与此同时，噪声视角下的汇率动态决定理论的实证文献亦日益丰富（Elliott & Ito，1999；Vitale，2000；Bauer & Herz，2003；Manzan & Westerhoff，2007；De Zwart et al.，2009；De Jong et al.，2010）。最近，Dick & Menkhoff（2013）通过400 个德国专家对美元 / 欧元预测的面板数据进行实证研究，发现基本面交易者和噪声交易者具有不同的预期规则，噪声交易者更频繁地改变预测方向，从而导致了汇率的不稳定。Goldbaum et al.（2014）构建了一个递归估计和机制转换的噪声交易模型，利用外汇市场的调查数据实证研究发现，噪声交易模型解释了外汇市场的大部分预期。

2.2 噪声交易视角下汇率决定的文献综述

传统汇率决定理论从经济增长、购买力平价、利率平价、国际收支和资本流动等宏观基本面因素结构模型来解释汇率的决定。但众多实证结果表明，宏观汇率模型无法解释一些汇率之谜，如汇率脱离之谜、过度波动之谜和汇率非线性之谜等。于是，学者们开始吸收借鉴市场微观结构理论用以研究外汇市场的汇率决定和波动规律。Lyons 于2001 年出版的《汇率的微观结构研究》对外汇市场微观结构理论进行了较为全面和系统的归纳总结，标志着外汇市场微观结构理论框架的基本成型。Frankel & Froot（1990）通过调查分析证实了噪声交易者的存在，并且发现由于噪声交易者的存在，汇率在短期内偏离由基本面决定的汇率水平且波动性增加。Lui & Mole（1998）对香港外汇交易者使用基本面分析和技术分析调查发现：85% 的受访者根据预测时间的长度使用基本面分析和技术分析。在短期预测上，交易者更倾向使用技术分析，但是随着时间长度变长，基本面分析者则渐渐变多。技术分析在预测趋势时比基本面分析有用一些，但是在预测拐点上，基本面分析比技术分析明显更有用。与利率相关的新闻是预测汇率相对重要的基本面因素。移动平均和其他趋势跟踪分析技术是最重要的技术分析工具。学者们开始关注到市场参与者的异质性，开始运用噪声交易法研究"汇率制度之谜"。

2.2.1 噪声交易视角下汇率决定模型的文献回顾

De Grauwe & Dewachter（1993）首次在多恩布什模型框架的基础上构建了外汇市场上存在基本面交易者和噪声交易者两种类型的代理人的噪声交易模型。基本面交易者根据购买力平价（Purchasing Power Parity）确定汇率的基本面价值，当汇率超过均衡价格时，基本面交易者预期汇率会下降，反之亦然。因而，基本面交易者对市场有负反馈效应，是外汇市场稳定的源泉。而噪声交易者则将汇率的过去变动外推汇率的未来变动，对市场汇率变动具有正反馈效应，是外汇市场不稳定的源泉。两类型的代理人的比例随汇率与基本面汇率的差异程度而调整变化。最后，模型在多恩布什模型框架下求得均衡解。研究表明，非线性的投机动态导致汇率的混沌运动，该模型也可以解释一些汇率动态的典型事实。

一些学者通过构建外汇市场的噪声交易模型研究汇率动态。Jeanne & Rose（2002）构建噪声交易者根据资产组合的需要内生性选择进入外汇市场的噪声交易模型，研究发现，汇率的波动既来源于基本面因素的波动，也来源于噪声交易者的进入。同时，由于模型具有多个均衡，从而可以违背蒙代尔三元悖论。在一定条件下，中央银行可以既不损失货币政策的自主权又降低汇率的波动率。De Grauwe & Grimaldi（2006）构建了噪声交易者和基本面交易者两类型代理人比例随两种投资策略的利润而调整变化的包含有交易成本的噪声交易模型。该模型尽管简易，却解释了汇率大多数时候脱离基本面的原因。模型对初始条件是敏感的，当初始条件不同时，汇率的动态就不一样，汇率的动态是混沌的。也就是说，人们无法预测长期的基本面冲击将如何影响汇率变动。同时，冲击发生的时机也会影响汇率的运动轨迹。Bacchetta & Van Wincoop（2006）构建了交易者异质（Trader Heterogeneity）外汇市场微观结构模型，考察信息不对称和看法差异的外汇市场交易者对短期汇率决定与波动的作用及影响，研究发现：（1）基本面因素在短期上只解释了汇率变动的极少部分。（2）长期来看，汇率与基本面因素紧密相关。（3）汇率变化是未来汇率的弱预测。（4）无论从长期还是短期来看，汇率都与指令流密切相关。

部分噪声交易模型则通过数值模拟研究汇率动态。Westerhoff（2003）在实证证据和心理学的基础上构建了一个噪声交易模型并进行数值模拟，研究汇率持续偏离基本面价值、投资者如何感知汇率基本面价值和解决汇率失调等现象。模型的模拟结果表明，投资者的互动既能产生泡沫又能产生许多汇率动态的现实特征，如汇率的单位根、回报的厚尾现象和波动聚集。投资者如何得知汇率的基本面价值是汇率决定的关键，而这个过程又是一个心理过程。从心理学角度来说，投资者具有锚定和探索式调整的心理。因此，调整是不完全的，错误会在一定时间内持续。投资者所感知到的基本面汇率会在一定时期内严重偏离真实的基本面汇率。Alfarano & Lux（2007）通过一个简单的异质投资者互动的金融模型即可产生金融市场中普遍存在的单位根、厚尾和波动聚集等统计特征。模型中，投资者分为基本面投资者和噪声投资者，两类投资者的互动根据Kirman（1993）提出的羊群现象转换。模拟结果表明，回报的平方值和绝对值具有长期依赖关系。

进一步地，一些学者则在宏观经济模型框架下构建汇率的噪声交易模型，使得宏观经济因素与汇率在噪声交易视角下的研究更为清晰深入。Pierdzioch（2005）构建依市定价（Pricing-to-market）的新开放宏观经济学模型（PTM-NOEM），其中的外汇市场的噪声交易者初始时根据经验法则（Rule of Thumb）预测汇率，随着时间的推移，噪声交易者根据累积信息更新汇率预测，从而解释了汇率超调的延时之谜。噪声交易对经常账户的动态有重要作用，是解释汇率持续偏离理性预期的抛补利率平价的重要因素。Proaño（2011）构建了外汇市场存在基本面交易者和噪声交易者的两国宏观模型，发现即使两个国家都使用泰勒规则的货币政策，外汇市场大量的噪声交易者仍会造成外汇市场甚至整个宏观经济系统的紊乱。这个研究发现说明，在有限理性交易者的世界，宏观货币政策对于稳定宏观经济的作用也是有限的。Flaschel et al.（2015）研究一个具有内生的异质预期的小型开放经济体，模型中的金融市场并非理性预期和市场出清，而是金融市场与实体经济高度互动的渐进动态调整，噪声交易者和基本面交易者比例在名义汇率渐进调整过程中内生变化。研究发现，噪声交易者趋于使经济体紊乱。外汇市场影响经济体的信心从而影响消费和投资决策，进而影响实体经济的表现。对私营经济的恰当措施能降低汇率和产出的波动。

此外，有些学者考察研究了央行设置抑制汇率过度波动的制度背景下的汇率动态。Bauer et al.（2009）构建了一个具有基本面交易者和噪声交易者的行为金融模型，考察他们在浮动外汇制度和区间外汇制度下的交易行为。研究发现，在区间外汇制度下，汇率会停留在区间中心一段时间，而且，区间汇率制度还能显著减少外汇市场的投机行为，抑制汇率的过度波动。Xu（2010）将托宾税（Tobin tax）引入价格黏性的噪声交易模型，发现噪声交易者的存在使得汇率偏离无抛补的利率平价，并结合噪声交易者、当地货币定价（Local Currency Pricing）和平滑消费行为，解释了汇率脱离之谜（Exchange Rate Disconnect Puzzle）。此外，模型表明托宾税能降低汇率的过度波动。但是，托宾税的效果也取决于市场微观结构和托宾税与其他交易成本的互动关系。

随着中国人民币市场化改革的开启和外汇市场微观结构理论的广泛研究，国内也开始关注人民币参与主体的异质性和人民币汇率噪声。李晓峰等人（2011）采用国际知名金融机构的调查数据发现汇率预期具有异质性，70%以上的金融机构基于汇率过去的走势进行预测，而25%左右的金融机构基于宏观基本面预测。李晓峰和魏英辉（2009）基于市场交易者异质预期的假设，构建了包含央行干预的汇率行为金融模型，运用计算机模拟技术对央行不同干预方式的有效性进行分析。

综上所述，国外对外汇市场的噪声交易模型研究已比较广泛，模型设定的理论框架背景丰富多样，研究方法创新迭出。研究结果普遍表明，外汇市场的噪声交易是外汇市场不稳定的根源，也是解释汇率脱离之谜的有力工具。一些学者则认为，外汇市场的异质性导致了汇率的混沌特征，甚至导致了汇率轨迹的不可预测和泰勒规则的货币政策的无效。外汇市场与实体经济的互动会使得汇率的不稳定向实体经济传递，导致实体经济的失衡。国内研究在紧跟国际步伐中，亦渐渐打开人民币汇率市场微观结构的黑匣子。

2.2.2 噪声交易视角下汇率决定实证研究的文献回顾

随着噪声交易视角下的汇率决定理论的不断发展，噪声视角下的汇率动态决定的实证文献亦日益丰富。众多实证研究支持噪声交易模型。De Jong et al.（2010）构建和估计了一个动态噪声交易模型对 7 种欧洲货币在 1979 年 3 月到 1998 年 12 月期间的样本进行实证研究。研究结果显著支持异质预期和交易者在不同预期规则中转换的噪声交易理论。此外，机制转换的噪声交易模型在样本外预测上也强于静态的随机游走模型。Goldbaum et al.（2014）构建了一个递归估计和机制转换的噪声交易模型，利用外汇市场的调查数据实证研究，发现噪声交易模型解释了外汇市场的大部分预期。Goldbaum & Zwinkels（2014）在噪声交易视角下实证研究外汇市场上金融机构预期的形成机制。研究结果表明，噪声交易模型能够解释外汇市场的大部分预期，特别是在较短期的研究长度内，基本面交易者和噪声交易者可以在预期方法转换的情况下，显著提高模型的拟合优度。随着时间长度的延拓，基本面分析增多。De Zwart et al.（2009）测量了新兴经济体的货币投资中宏观经济变量和技术分析提炼出来的信息的经济价值，利用 21 个使用浮动汇率机制的新兴经济市场在 1997—2007 年期间的样本，对于有资本管制的国家使用无本金交割外汇远期的数据进行实证分析，研究发现两种提炼信息的方法均能产生有利润的交易策略。两种信息来源的结合使用能提高投资策略的风险调整后收益。Dick & Menkhoff（2013）通过使用 400 个德国专家对美元 / 欧元预测的面板数据进行实证研究，发现基本面交易者和噪声交易者具有不同的预期规则，噪声交易者更频繁地改变预测方向，从而导致了汇率的不稳定。Bauer & Herz（2003）拓展 Jeanne & Rose（2002）的汇率的噪声交易模型并利用6种美元汇率和6种马克汇率进行实证研究，在存在技术交易的外汇市场模型中引入货币政策和汇率政策，实证研究强烈支持汇率趋势和汇率波动两者之间的 U 型关系。

　　一些学者则研究基本面交易和噪声交易策略的影响因素。Manzan & Westerhoff（2007）在噪声交易模型框架的基础上引入噪声交易者非线性时变的外推预测规则，研究噪声交易机制和基本面机制两种机制的转换基于汇率的绝对变化是否大于某一常数。文章使用主要货币对美元汇率的月度数据进行估计，研究表明样本区间内模型显著。对于一些货币而言，模型具有预测力。噪声交易者在一些情况下也具有纠正错误定价的作用：当汇率的绝对变化超过某个阈值（2%～3%）时，噪声交易者预期下一时期的汇率会反转。但是小于阈值时，则会认为该汇率变化会持续。当汇率显著偏离基本面价值时，噪声交易者会更激进地使用外推技术分析。Menkhoff（2009）使用300个专业投资者超过15年的汇率预期的月度数据，在噪声交易视角下考察汇率预期中的异质性。预期的异质性由汇率预期的方差代表。研究结果表明，预期异质性的方差相当大；当汇率严重偏离基本面汇率时，异质性下降，这是因为专业投资者更确定汇率将会向汇率基本面价值均值恢复；当汇率变化剧烈时，预期的异质性升高，这是由于基本面预期向技术面预期转化。Dick et al.（2015）使用欧洲经济研究中心收集的金融投资者的美元/欧元汇率预测的大面板数据进行实证研究，发现好的汇率预测与正确的基本面理解有关，特别是好的利率预测。当基本面显著变化时，这种关系更为紧密。例如，当汇率严重偏离购买力平价的价值时，预测者普遍认为，货币升值与利率上升相关，但是只有研究水平高的预测者能够较为准确地预测利率走势。

国外普遍在噪声交易视角下汇率进行实证研究，国内相关研究也逐渐增多。李晓峰等（2009，2011）利用月度数据或模拟技术基于人民币异质预期的噪声交易模型对人民币汇率动态变化进行研究。李小平和吴冲锋（2012）构建了一个包含理性交易者和噪声交易者在内的远期汇率决定模型，分析了均衡状态下的远期汇率波动曲线特征。惠晓峰等（2012）构建了由供求关系主导的孤立的外汇市场的人民币异质预期的噪声交易模型，并对该模型进行了仿真。

综上所述，国外的噪声交易视角下的汇率决定实证研究基于不同的模型框架，但是研究结果普遍支持噪声交易模型，利率是汇率变化的重要影响因素。国内的实证研究均从不同侧面研究了人民币汇率的动态决定，但是都忽略了我国人民币中间价和外汇市场交易价浮动幅度等外汇制度的重要特征。另外，实证数据只是月度数据，数据采集频率低。

2.3 央行干预的文献综述

1971年布雷顿森林货币体系解体后，主要的西方发达国家实行浮动汇率制，大多数发展中国家则实行有管理的浮动汇率制度。在世界各地，央行干预都是普遍使用的政策工具。一般而言，外汇管理的目标是实现汇率在均衡汇率上的基本平稳和缓解剧烈的汇率异动。要实现汇率的科学管理，离不开央行在外汇市场的有效干预。一般而言，央行干预的主要工具包括入市干预（在外汇市场买卖外汇），窗口指导（发表有关声明）和货币政策（如调整利率）。

入市干预是指央行进入银行间外汇市场买卖外汇，从而稳定汇率。入市干预分为冲销干预和非冲销干预，主要区别是央行在外汇干预时是否改变本国货币供给。央行干预还可以通过干预外汇衍生品市场来影响人民币即期汇率，而不会立即消耗外汇储备。央行可以通过多个外汇市场工具的联合运用，发挥各工具间的比较优势和协同效应，增强央行对人民币汇率的影响力和调控效率。窗口指导是指央行对银行间外汇市场会员发表正式声明或提出指导性建议，传递央行对汇率基本面和趋势的判断以及对外汇市场会员的希望，以达到外汇干预的目标。央行沟通是现代央行干预中越来越重要的工具之一，G3 经济体的货币管理机构都已基本转向主要使用沟通来影响汇率（Fratzscher, 2009）。货币政策是指通过利率等政策对外汇市场的传导作用实现外汇干预。国内外利率的变化会导致汇率的变化，特别是非预期的利率变化。由于提高货币利率还可以增加外汇市场炒汇的资金成本，配合其他干预措施能有力干预外汇市场，因而，央行可以通过对利率的调整来干预外汇市场。

国际清算银行（Bank for International Settlements）（2015）总结央行干预的动机有：（1）逆向干预（Leaning Against the Wind）。央行干预外汇市场是想降低汇率波动率和平滑汇率的趋势路径。（2）减少汇率失调。太高的汇率会降低一个国家的竞争力，太低的汇率则会导致不可持续的经济增长和通货膨胀。因此，央行既不想看到货币高估也不愿意看到货币低估。（3）管理外汇储备。在亚洲金融危机之后，许多央行增加外汇储备，以防备外汇压力和抵抗金融危机风险。（4）提供流动性。一些外汇市场没那么成熟，央行需要通过干预来提供足够流动性以抵御市场混乱和金融压力。国际清算银行于 2013 年开展的调查中发现，在金融危机时期，一半以上的央行通过干预为外汇市场提供流动性。

2.3.1 噪声交易视角下央行干预效果的文献回顾

大多数经济学家认为非冲销干预能有效影响汇率，但是对于冲销干预的干预效果无论在理论上还是实证上则没那么显而易见（Blanchard et al.，2015）。一些学者认为，在资本的自由流动和完全替代的情况下，冲销干预不影响汇率（Backus and Kehoe，1989）。一些学者则认为，由于市场存在市场摩擦，国内外两种资产对于市场主体是有区别的，因此外汇干预是有效的（Weber，1986；Kumhof & Van Nieuwerburgh，2007；Kumhof，2010；Jeanne，2012；Blanchard et al.，2015；Kuer-steiner et al.，2015）。从实际情况看，各国央行主要采用冲销干预方式，学术界的研究兴趣也主要集中在冲销干预效果的理论和实证检验。

在噪声交易视角下央行干预模型研究上，Jeanne & Rose（2002）构建了一个由噪声交易者内生决定是否进入外汇市场的噪声模型，研究表明，噪声交易者进入汇率市场增大了汇率的波动。央行可以通过降低汇率基本面因素的波动和抑制噪声交易者进入市场来降低汇率波动。Jang（2007）运用市场微观结构模型分析央行干预和外汇市场特征的关系。研究表明，央行干预对外汇市场的影响取决于资产配置者的交易强度、基本面投资者的比例边界、做市商的价格调整速度和投机交易者的交易强度。Chutasripanich & Yetman（2015）构建了一个包含基本面交易者、投机交易者和央行的噪声交易模型，根据稳定汇率、减小经常账户不平衡、抑制投机、最小化外汇储备波动和最小化干预成本等五项标准考察不同干预规则下央行的干预效果。

Hung（1997）在噪声交易模型的框架下进行实证研究，发现央行干预减少了日元／美元和马克／美元在 1985—1986 年的汇率波动率，但是却增加了 1987—1989 年的汇率波动率。Dominguez（2003）使用高频的日间数据研究央行干预以多快的速度影响外汇市场。研究结果表明，央行干预能够影响日间汇率回报率和波动率。有些外汇交易者比新闻媒体提前一个小时知道美联储的干预信息，央行干预的时机与央行的干预效果有关。当交易量大、临近宏观经济数据公布和几个央行联合干预时，央行干预效果更大。Taylor（2004）运用美元／马克在 1986—1998 年的数据和马尔可夫机制转换模型考察央行干预效果。实证结果发现，汇率失调越大，央行干预平稳汇率的效果越好。而当汇率处于均衡价值的附近微小波动时，央行干预会增加汇率波动的概率。Reitz（2005）运用马尔可夫机制转换方法检验央行对外汇干预的效果，发现美联储和德国联邦银行的干预强化了噪声交易者在短期的预测力。Dominguez（2006）认为，市场交易者对央行干预在不同时间上的反应不同。在一天的时间长度上，外汇干预对汇率的波动有影响，但长期来看，没有证据表明央行干预对汇率有影响。Beine et al.（2009）基于噪声交易模型，运用时变转换概率模型考察央行对外汇干预的影响，发现央行的干预增加了基本面交易者的比例，从而稳定了汇率。Ibrahim & Abderrazek（2013）通过实证发现，央行应该在市场高度波动时期进行干预，并且应该秘密进行。

随着国外外汇市场微观结构理论研究的不断深入，国内学者也开始运用市场微观结构理论研究央行干预对汇率的影响。丁剑平等（2006）通过构建市场微观结构模型比较分析了央行在不同的交易层次进行外汇市场干预的效果。研究结果表明，央行干预会使汇率更接近其真实波动水平，并且央行通过做市商间接参与银行间外汇市场比直接参与的干预效果更好。林伟斌和王艺明（2008）基于1994—2005年人民币外汇市场制度特征，构建了一个央行频繁干预情形下的人民币汇率决定的市场微观结构模型。研究发现，央行为了确保外汇日内涨跌幅内的市场流动性被动入市，央行干预量由汇率决定模型内生决定。白淑云（2010）构建了一个央行干预通过知情做市商的"热土豆"效应传递指令流和干预信息给非知情做市商，金融投资者得知央行干预后调整基本面分析的权重的人民币汇率动态微观结构模型，研究了外汇市场的稳定性条件和央行干预效果。李晓峰和魏英辉（2009）基于市场交易者异质预期的假设，构建了包含央行干预的汇率行为金融模型，运用计算机模拟技术对央行不同干预方式的有效性进行分析。李晓峰和陈华（2010）基于异质交易者的市场微观结构特征，利用2005年7月至2009年9月的月度数据考察央行干预效力，发现央行干预强度的下降使得噪声交易者的比例提高。陈华（2013）利用月度数据基于ESTAR模型实证研究交易者异质性假定下央行干预对汇率失调的影响。研究表明，汇改后的大部分时间里，央行干预使得人民币汇率基本处于均衡汇率，央行干预是有效的。

综上所述，越来越多的实证研究表明央行干预的效果较小并且是短期有效的。基于噪声交易视角考察央行干预的作用效果的汇率模型设定各具特点，实证方法多种多样。从模型结论和实证结果来看，央行干预对汇率的作用效果是有争议的。不同市场条件会导致央行干预效果截然不同。同时，在考察的时间长度不同的情况下，央行的干预效果也有天壤之别。

2.3.2 央行干预影响汇率的作用渠道的文献综述

传统的央行干预作用实现的渠道有资产组合渠道和信号渠道。资产组合渠道认为资产不是完全替代的，央行干预打破市场中的原有资产组合配置，投资者出于资产收益与风险的考虑，调整资产配置，从而使央行干预实现外汇干预的目标。信号渠道认为央行干预可以通过外汇市场中的指令流传递市场信息，从而影响市场交易者的预期，使得外汇市场投资者不断更新调整汇率预期，相当于央行通过外汇市场交易向市场参与者释放信号，从而实现央行干预目标。

资产组合渠道认为央行干预通过改变原有资产组合影响汇率。Weber（1986）从宏观经济视角构建了两国证券和货币两种资产的资产组合模型，模型结果表明，资产完全替代的情况下，冲销干预无效；资产不完全替代的情况下，冲销干预是有效的。Dominguez & Frankel（1993）通过实证研究证明 20 世纪 80 年代中期，美联储和德意志联邦银行的央行干预的资产组合渠道统计性显著，说明实现央行干预的资产组合渠道是有效的。Evans & Lyons（2001）构建了一个包含瓦尔拉斯均衡和市场微观结构特征的资产组合模型，并且通过实证研究证实了央行干预的资产组合渠道。Evans & Lyons（2005）认为资产不是完全替代的，央行干预后，市场中的原有资产组合平衡被打破，做市商出于资产收益与风险的考虑，调整资产配置，最终实现央行的外汇干预目标。Kumhof（2010）构建了一个小型开放经济体的货币资产组合的一般均衡模型，发现当税收对政府支出的弹性不足时，国内政府债务存量和国内利率存在单调递增的正相关关系，冲销干预成为影响资产组合、利率、汇率和消费的独立货币政策工具。Breedon & Vitale（2010）

基于 Bacchetta & Van Wincoop（2006）分析框架构建了一个汇率决定的结构模型分解外汇指令流的资产组合效应和信息效应，运用 2000 年 8 月至 2001 年 1 月 EBS 和 Reuters 的美元／欧元的交易数据实证研究证明，指令流和汇率间强烈的同期相关关系很大部分是由于资产组合效应。

信号渠道认为央行干预通过影响市场交易者的预期影响汇率。Vitale（1999）认为秘密的央行干预可以通过外汇市场交易的指令流信息影响市场交易者的预期，做市商在与央行的交易中不断更新汇率预期，相当于央行通过外汇市场交易向市场参与者释放信号。Fatum & Hutchison（1999）认为，假如冲销干预是未来货币政策的信号，那么央行干预会影响汇率。Vitale（2003）在开放经济下的 Barro‐Gordon 货币模型（1983）基础上结合外汇市场微观结构研究央行干预的信号渠道和对宏观经济的作用，发现央行干预外汇市场的成本较高，却不能刺激经济和缓和通胀。但是，央行干预通常可以稳定宏观经济以降低失业率和产出的波动。Fratzscher（2009）评估央行沟通和口头干预的有效性，发现 G3 的沟通政策已成为央行干预影响汇率的独立于入市干预等实际干预之外的有效政策工具。Beine et al.（2009）实证研究央行沟通如何影响汇率水平和波动率，发现央行干预的声明提高了央行入市干预的信息效率；央行沟通对汇率水平有更大的作用，增强央行入市干预的效果，实现汇率趋向目标汇率的干预目的；同时，央行沟通可以降低央行干预的模糊性，降低汇率的波动性。Chen et al.（2014）在目标区间汇率框架下分析外汇干预的信号渠道，研究分析了 1999—2011 年日本外汇干预对日元／美元的汇率动态的影响，研究认为央行干预传递了中央银行的汇率目标的信息，央行干预影响汇率预期的形成。Chiu（2003）通过对 10 家央行的干预操作的调查发现，对于央行是否应该公开干预信息不能一概而论，即使外汇制度相同，不同的经济体也有较大的区别。加强干预目标和实际干预操作的公开性的收益大于风险，实时公开完整的干预信息是风险较大的，滞后的干预信息公布有利于提高干预的可信性和有效性。对于浮动汇率制而言，保留一定的隐秘性是有效的干预策略。

除了传统的资产组合渠道和信号渠道，央行干预还可以通过协调渠道（Coordination Channel）实现对汇率的影响作用（Taylor，1994；Taylor，1995）。协调渠道理论认为，当噪声交易者将汇率带离基本面汇率后，每个个体独立的逆向操作风险极大，也就是说，汇率强烈而持续的错位是由基本面交易者的协调失败导致的。央行干预则可以发挥"信号灯"作用，协调和鼓励基本面交易者同时行动、稳定汇率，从而达到干预效果。Taylor（2005）在马尔可夫机制转换模型的框架下实证研究央行干预的有效性，发现由于央行和市场参与者难以对均衡汇率取得一致意见，央行干预变得无效。而当汇率失调越严重时，央行干预越有效。这可能是由于央行和市场参与者对汇率的运动方向达成高度的一致，央行干预起到协调聪明的钱（Smart Money）进入市场的作用。这些研究发现有力地支持了央行干预的协调渠道。Reitz & Taylor（2008）基于协调渠道构建了一个外汇市场微观结构模型，使用美元/马克汇率及美联储和央行干预的日数据研究央行干预效果，研究结果支持央行干预协调渠道的存在。Reitz & Taylor（2012）应用协调干预的理论框架，运用日元/美元汇率的日数据考察美联储和日本财务省的央行干预效果。研究结果证实和支持央行干预的协调渠道效果。

Hu et al.（2016）考察了央行口头干预和入市干预对人民币汇率的影响。实证结果表明，央行口头干预能影响人民币汇率，但是效率较低，低于央行入市干预的效果。Fatum（2015）运用日元/美元市场1999—2004 年零利率时期的数据实证考察利率为零且传统的货币政策受约束时，央行干预的作用渠道。研究结果表明，当利率为零时，观察到的央行干预并不比没观察到的央行干预更有影响力；央行干预的信号渠道和协调渠道不见得有效；央行干预通过资产组合渠道发生作用。Boyer（1978）认为，最优的央行干预取决于预期形成机制。其中，恰当的汇率弹性制度是央行最优干预的题中之义，恰当的汇率弹性既不是完全无弹性也不是完全有弹性。Cadenillas & Zapatero（1999）考察一个汇率动态为几何布朗运动的货币，央行的目标是使得汇率尽可能接近目标汇率。央行要将汇率向目标汇率移动需要操作成本，每次的央行干预成本包含有固定成本和强度成本。

第三章
人民币外汇市场的发展历程

改革开放以来，中国的经济实力和世界影响力不断增长。这也对人民币汇率提出了更高要求。人民币汇率市场化改革，不仅有利于我国充分利用国内外两种资源和两个市场，而且有利于提高我国在国际经济事务中的影响力和话语权。本章主要聚焦于人民币外汇市场的微观结构，介绍了人民币汇率市场化改革的发展历程、人民币外汇市场的交易制度和央行干预的基本概况，为后文对人民币外汇市场微观结构的理论建模和实证研究提供现实依据。

3.1 人民币汇率市场化改革历程 [①]

1994 年，我国对外汇管理体制进行重大改革，实现人民币官方汇率与市场汇率并轨，建立银行间外汇交易市场。2005 年 7 月，中国人民银行启动人民币汇率形成机制改革，人民币汇率初始大部分时间处于渐进的升值过程（如图 3-1 所示）。2008 年美国次贷危机爆发期间，人民币一度盯住美元，直至 2010 年 4 月。之后，人民币再次开启了渐进升值过程，直至 2015 年 7 月的 6.12，比之 2005 年 7 月的 8.11，人民币累计升值达 32.52% 之高。然后，人民币汇率在波动中小幅贬值，直至 2017 年止跌回升。此后，人民币汇率保持在合理均衡水平上实现

---

① 本小节主要参考中国人民银行和国家外汇管理局网站的相关文件。

基本平稳的双向波动。

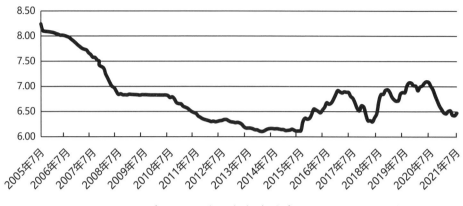

图 3-1　汇改以来的人民币汇率走势（单位：人民币 / 美元）

自 2005 年 7 月启动汇率改革以来，中国人民银行根据国内外经济形势和人民币走势特征，审时度势地有序推出各项人民币汇率市场化改革措施，人民币汇率形成机制改革朝着"建立健全以市场供求为基础、参考一篮子货币进行调节、有管理的浮动汇率体制，保持人民币汇率在合理、均衡水平上的基本稳定"的改革目标不断前行，人民币外汇市场不断健全完善，人民币汇率定价的市场力量日益壮大。

1. 人民币外汇市场的改革发展历程

2005 年 7 月 21 日，央行实行以市场供求为基础、参考一篮子货币进行调节、有管理的浮动汇率制度；

2006 年 1 月 4 日，央行引入做市商和询价交易方式，并授权中国外汇交易中心对外公布当日人民币兑美元、欧元、日元和港元汇率中间价，每日银行间即期外汇市场美元兑人民币交易价在中间价上下 3‰ 的幅度内浮动，欧元、日元、港元等非美元货币兑人民币交易价在相应中间价上下 3% 的幅度内浮动；

2006 年 4 月 24 日，中国外汇交易中心推出银行间外汇掉期业务；

2006 年 10 月 9 日，银行间外汇市场即期竞价交易收市时间由 15:30 调整为 17:30，与询价交易收市时间保持一致；

2007 年 4 月 9 日，新一代外汇交易系统上线，将人民币外汇和外币对的即期、远期和掉期等产品整合在同一交易平台；

2007 年 5 月 21 日，银行间即期外汇市场人民币兑美元交易价浮动幅度区间从 0.3% 扩大到 0.5%；

2010 年 11 月 29 日，银行间外汇市场询价交易净额清算由原来交易双方"一对一"的逐笔清算扩大到所有做市商银行；

2012 年 4 月 16 日，银行间即期外汇市场人民币兑美元交易价浮动幅度扩大至 1%；

2014 年 3 月 15 日，银行间即期外汇市场人民币兑美元交易价浮动幅度扩大至 2%，外汇指定银行为客户提供当日美元最高现汇卖出价与最低现汇买入价之差不得超过当日汇率中间价的幅度由 2% 扩大至 3%；

2015 年 8 月 11 日，为增强人民币兑美元汇率中间价的市场化程度和基准性，完善人民币兑美元汇率中间价报价机制，人民币兑美元汇率中间价参考上日银行间外汇市场收盘汇率；

2015 年 11 月 25 日，首批 7 家境外央行类机构在中国外汇交易中心完成备案，正式进入中国银行间外汇市场；

2016 年 1 月 4 日，外汇交易时间延长至北京时间 23:30 和进一步引入合格境外主体进入银行间外汇市场；

2016 年 10 月 1 日，人民币正式纳入国际货币基金组织（IMF）特别提款权（SDR）货币篮子，成为第五种入篮货币，这标志着人民币正式成为国际货币；

2017 年 5 月 26 日，在人民币兑美元汇率中间价报价机制中引入逆周期因子，完善汇率市场形成机制；

2017 年 8 月 1 日，三年内暂免人民币对新加坡元、卢布、林吉特、新西兰元、南非兰特、沙特里亚尔、阿联酋迪拉姆、波兰兹罗提、匈牙利福林和土耳其里拉 10 个直接交易货币对竞价和询价交易手续费，以积极配合国家"一带一路"倡议，促进银行间人民币外汇直接交易市场发展和人民币国际化；

2018 年 2 月 5 日，为促进中国与泰国之间的双边贸易和投资，开启人民币对泰铢直接交易，银行间即期外汇市场人民币兑泰铢交易价在中国外汇交易中心公布的人民币对泰铢汇率中间价上下 10% 的幅度内浮动，以满足经济主体降低汇兑成本的需要；

2019 年 6 月 1 日起，全面取消报关单收、付汇证明联和办理加工贸易核销的海关核销联，同时废止《海关总署 国家外汇管理局关于取消打印报关单收、付汇证明联的公告》，以完善货物贸易外汇服务和管理，深化通关作业无纸化改革；

2019 年 9 月 30 日，中国人民银行、国家外汇管理局发布《中国人民银行 国家外汇管理局关于进一步便利境外机构投资者投资银行间债券市场有关事项的通知》并于同年 11 月 15 日起施行，以进一步便利境外机构投资者投资境内银行间债券市场；

2020 年 1 月 13 日，国家外汇管理局发布《国家外汇管理局关于完善银行间债券市场境外机构投资者外汇风险管理有关问题的通知》并于同年 2 月 1 日起实施，废止《国家外汇管理局关于银行间债券市场境外机构投资者外汇风险管理有关问题的通知》，以推动外汇市场对外开放，进一步便利银行间债券市场境外机构投资者管理外汇风险；

2021 年 1 月 2 日，国家外汇管理局修订更新《银行间外汇市场做市商指引》，以进一步优化银行间外汇市场做市商管理；

2021 年 3 月 5 日，中国外汇交易中心发布并实施《银行间外汇市场交易应急服务规则》，废止《银行间外汇市场交易应急服务指引》，以适应银行间外汇市场发展需要，维护银行间外汇市场交易秩序；

2021 年 3 月 25 日，国家外汇管理局发布并实施《国家外汇管理局关于进一步推进个人经常项目外汇业务便利化的通知》，废止《国家外汇管理局关于优化个人外汇业务信息系统的通知》，优化个人购汇手续，提升个人用汇便利化水平，以进一步健全和完善外汇市场机制和效能。

2. 人民币汇率市场化改革的发展脉络

1993 年 11 月，党的十四届三中全会通过了《中共中央关于建立社会主义市场经济体制若干问题的决定》，制定了社会主义市场经济体制的基本框架，明确提出"改革外汇管理体制，建立以市场供求为基础的、有管理的浮动汇率制度和统一规范的外汇市场，逐步使人民币成为可兑换的货币"，初步确立了与社会主义市场经济相适应的外汇管理体制框架。1994 年 1 月 1 日，中国人民银行取消过去长期实行的汇率双轨制，实现人民币官方汇率与市场汇率并轨，采取盯住美元的汇率安排。1994 年至 2005 年，我国经济保持高速增长，年均国内生产总值（GDP）增长率高达 9.6%，经常项目持续保持顺差，大量的国际资金流入我国（如图 3-2 所示）。随着经常项目和资本项目双顺差的持续增加，国际市场对人民币汇率升值的预期强烈。总体而言，人民币汇率在此期间保持稳定，顶住了升值的压力。即使在 1998 年的东南亚金融危机期间，人民币汇率也保持了基本稳定的态势。这一时期的经济发展和一系列的金融改革，为我国人民币汇率形成机制改革奠定了坚实的物质基础和制度环境。

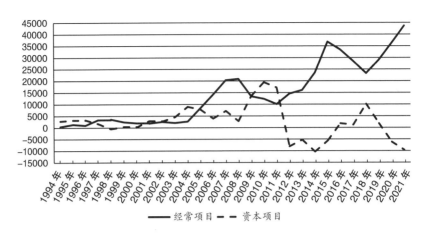

图 3-2　中国经常项目与资本项目规模（单位：亿元）

2005 年 7 月至 2015 年 7 月，人民币汇率处于渐进升值期。2005年 7 月，中国人民银行对人民币汇率形成机制进行重大改革，人民币汇率由原来的盯住美元转变为"以市场供求为基础，参考一篮子货币进行调节、有管理的浮动汇率制度"。人民币汇率中间价参考上日收盘价确定，人民币汇率日浮动弹性为 0.3%，但此次改革未公布货币篮子组成和篮子货币的权重。2006 年，中国人民银行引入做市商制度和询价交易制度，人民币兑美元汇率的中间价由外汇交易中心在每日开盘前去掉做市商报价中的最高和最低报价后加权平均所得。2007 年，中国人民银行将人民币汇率日浮动区间扩大至正负 0.5%。2008 年，为应对全球金融危机，人民币汇率在 2008 年 6 月至 2010 年 6 月期间重新盯住美元，汇率在 6.82 至 6.86 之间窄幅波动。2010 年 6 月，中国人民银行宣布进一步推进人民币汇率形成机制改革，增强人民币汇率弹性。随后，银行间即期外汇市场人民币对美元交易价浮动区间分别于 2012年 4 月 16 日、2014 年 3 月 17 日由 0.5‰扩大至 1%、由 1% 扩大至 2%，人民币汇率重新回到渐进升值的轨道。

2015 年 8 月至今，人民币汇率处于双向波动期。2015 年 8 月 11 日，中国人民银行宣布优化人民币兑美元汇率中间价报价机制，一方面明确了人民币兑美元汇率中间价参考上日银行间外汇市场收盘价，另一方面顺应市场的力量对人民币汇率进行了一次性适当调整。一次性贬值引发了人民币外汇市场的剧烈波动，大规模的跨境资本流出。中国人民银行及时调整汇率中间价形成机制以稳定市场。2015 年 12 月，外汇交易中心发布人民币汇率指数（如图 3-3 所示），以此来反映人民币对一篮子外国货币加权平均汇率的变动。通过定期公布 CFETS 人民币汇率指数，引导市场更多地从一篮子货币视角全面客观看待人民币汇率，以保持人民币对一篮子货币汇率的基本稳定。2016 年 2 月，中国人民银行发布新的人民币汇率中间价的定价公式，即"中间价 = 上一交易日收盘价 + 一篮子货币汇率变化"。2017 年 5 月，中国人民银行宣布在人民币汇率中间价报价机制中引入"逆周期因子"，即"中间价 = 上一交易日收盘价 + 一篮子货币汇率变化 + 逆周期因子"。人民币兑美元汇率中间价形成机制改革，提高了中间价报价的规则性、透明度和市场化水平。至此，人民币汇率的单边贬值预期逐步化解，人民币汇率开启双边浮动模式，人民币汇率波动的弹性也在逐步加大。

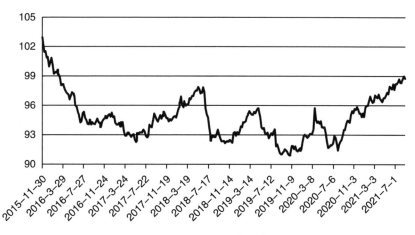

图 3-3　CFETS 人民币汇率指数

从人民币汇率市场化改革的发展脉络看，人民币汇率形成机制改革具有两个鲜明的特点：一是人民币市场化改革始终朝着"建立健全以市场供求为基础、参考一篮子货币进行调节、有管理的浮动汇率体制，保持人民币汇率在合理、均衡水平上的基本稳定"的改革目标前进，二是根据国内外经济形势的变化适时、主动、渐进地推进改革。在外部环境条件较为不利的时候，改革的进程可能会暂停，但终其目标也是为了稳健地推进改革。随着人民币汇率双向浮动的弹性增强，货币的升值或贬值压力通过汇率变动及时有效释放。并且，在人民币汇率双向波动常态化下，企业运用外汇衍生品管理汇率风险的能力不断提高，汇率风险中性意识逐步树立，人民币外汇交易日益理性有序。人民币外汇市场的韧性不断增强，较好地发挥了调节国际收支的自动稳定器作用。

3.2 人民币外汇市场的交易制度 [①]

如图 3-4 所示，人民币外汇市场为零售市场和批发市场双层结构。零售市场是指银行与公司客户等的结售汇，外汇指定银行根据每日中国人民银行的中间价报价挂牌买卖外汇给予客户。2014 年 7 月，中国人民银行取消银行对客户美元挂牌买卖价差管理。也就是说，银行可以根据市场供求和定价能力自主挂牌人民币对各种货币的外汇买卖价。批发市场是指银行、证券等金融机构在银行间外汇市场上的外汇买卖。

---

① 本小节主要参考中国外汇交易中心的《银行间人民币外汇市场交易规则》和《中国外汇交易中心产品指引 V4.0》等相关文件。

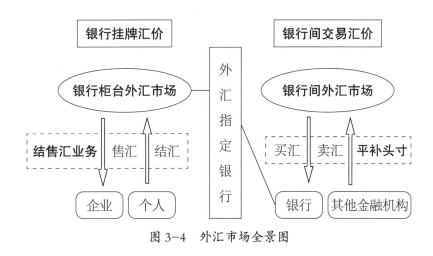

图 3-4　外汇市场全景图

如图 3-5 所示，银行间外汇市场中的交易品种包括即期、远期、掉期、货币掉期、期权、外币对和外币利率。2005 年推出人民币外汇远期交易、2006 年推出人民币外汇掉期交易、2007 年推出人民币外汇货币掉期交易、2011 年推出人民币外汇期权交易。人民币外汇交易时间为北京时间 9:30—23:30，外币对和外币利率的交易时间则为北京时间 7:00—23:30。人民币外汇即期是指交易双方在现货市场上买卖交割的人民币外汇交易。人民币外汇远期是指在约定的未来某一日期买卖交割的人民币外汇交易。人民币外汇掉期是指交易双方约定在两个不同的起息日进行方向相反的两次本外币交换。在第一次货币交换中，一方按照约定的汇率用人民币交换外汇；在第二次货币交换中，该方再按照另一约定的汇率用相同币种的外汇交换人民币。人民币外汇货币掉期是指在约定期限内交换约定数量的两种货币本金，同时定期交换两种货币利息的交易。人民币外汇期权是指合约购买方在向出售方支付一定期权费后，获得在未来某一交易日以约定汇率买卖一定数量外汇的权利。外币对交易是指在交易中心进行的不涉及人民币的外汇货币对交易，包括货币对的即期、远期、掉期与期权交易。外币利率市场产品包括外币拆借、外币回购、外币同业存款和外币利率互换。

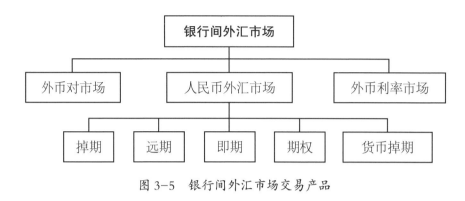

图 3-5　银行间外汇市场交易产品

　　银行间即期外汇市场具体的交易制度如表 3-1 所示。银行间外汇市场交易的载体为中国外汇交易中心的交易平台 CFETS FX2017。人民币外汇即期交易市场有竞价交易、询价交易和撮合交易三种交易模式。竞价交易即银行间外汇交易市场中的做市机构通过交易平台提供匿名公开带量可成交报价，交易对手方通过点击成交或订单匹配、匿名请求报价等方式达成交易。询价交易是指做市机构通过交易平台提供具名公开意向性报价或带量可成交报价，交易对手方通过请求报价、点击成交或订单匹配、协商交易等方式达成交易。撮合交易是指符合条件的会员之间按照"价格优先、时间优先"的原则，通过订单匹配或点击成交等方式达成交易。交易达成后的清算方式有：竞价交易为集中清算，询价交易和撮合交易为双边清算或净额清算。

　　竞价交易包含点击成交或订单匹配、匿名请求报价等方式。点击成交或订单匹配是指做市机构匿名报出带量可成交价，交易对手方按照"价格优先、成交量优先、时间优先"的原则，通过点击报价或提交订单匹配报价的方式达成交易。匿名请求报价是指发起的交易请求被匿名发至市场最优价报价做市机构，由做市机构进行匿名回价，发起请求报价的会员接受回价并达成交易。询价交易包含请求报价、点击成交或订单匹配、协商交易等方式。请求报价是指做市机构或会员发出交易请求，请求被发送至一个或多个做市机构或会员，由做市机构或会员进行回价，发起请求报价的做市机构或会员接受回价并达成交易。点击成交或订单匹配是指做市商报出分组、分层的带量可成交价，交易对手方按照"价格优先、成交量优先、时间优先"的原则，通过点击报价或提交订单匹配报价的方式与做市机构达成交易。协商交易是指交易一方通过交易平台发起完整交易要素，另一方确认则达成交易。撮合交易包含订单匹配或点击成交等方式。订单匹配是指会员发送带量买入或卖出订单，订单进入中央限价订单簿，与其他反向订单进行匹配成交。点击成交是指会员带量点击中央限价订单簿中存量买入或卖出订单成交。

表 3-1　银行间外汇市场交易制度

要素构成		具体内容
交易载体	CFETS FX2017 外汇交易系统	支持多种交易模式和多种外汇产品，分为三个交易子模块，分别为外汇即远掉交易模块、外汇衍生品及拆借交易模块、C - Trade 交易模块
交易方式	竞价交易	支持即期交易，采用集中授信方式，交易便捷
	询价交易	支持即期、远期、掉期、货币掉期、期权和外币拆借交易（ESP 方式目前仅支持美元对人民币 T+2 交易），适合多种类型的交易用户
	撮合交易	支持人民币对美元即期、远期和掉期交易，适合对交易效率和授信风险管理均有较高要求的用户
会员制	市场准入	会员包括境内银行、境内非银行金融机构、境内非金融企业等符合条件的境内机构，以及符合条件的境外机构

（续上表）

要素构成		具体内容
清算方式	清算方式	适合竞价交易。外汇交易达成后，上海清算所分别向交易双方按集中清算模式进行资金清算
	双边清算	适合询价交易和撮合交易。外汇交易达成后，交易主体不通过第三方清算机构而相互直接将资金汇入对方指定账户
	净额清算	适合询价交易和撮合交易。交易主体不依据交易的发生额而是依据同一清算日的交易按币种轧差后的净额进行结算收支

资料来源：中国外汇交易中心网站、《银行间人民币外汇市场交易规则》

如图 3-6 所示，我国银行间即期外汇市场交易量从 2010 年的 2.9 万亿美元平稳上升至 2020 年的 8.8 万亿美元，增长了 2.03 倍。银行间远期外汇市场交易量从 2010 年的 327 亿美元上升至 2020 年的 1098 亿美元，增长了 2.36 倍。银行间远期外汇市场交易虽然总体上呈现上升的趋势，但波动幅度较大，有时甚至出现负增长。日渐完善的银行间外汇市场在增强市场经济的自我调节能力，保障企业和居民的外汇需求，储备政府宏观调控工具等方面发挥了重要作用。

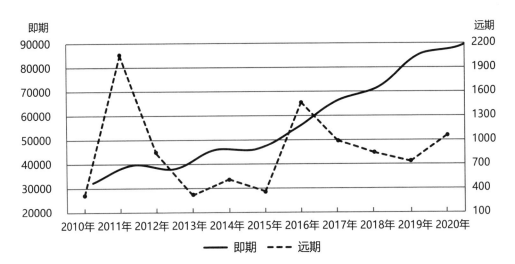

图 3-6 银行间外汇市场交易规模（单位：亿美元）

3.3 人民币外汇市场的央行干预

　　1994 年 4 月，央行开始通过银行间外汇市场对人民币进行外汇干预。此后，央行基本处于持续干预的状态，渐渐的随着人民币市场化改革的深入，外汇干预逐渐减少。自 2017 年 5 月起，除少数时间外，外汇占款余额的月变动量几乎为零，央行基本上退出了常态化的入市干预。但是，发挥市场在外汇定价的决定性作用不代表央行放弃对外汇市场的必要干预。毫无疑问，当市场出现非理性剧烈汇率波动时，央行干预依然是可以预期的。

　　一般而言，央行主要通过入市干预（在外汇市场买卖外汇）、窗口指导（发表有关声明）、货币政策（如调整利率）和中间价等方式实现外汇干预。入市干预是指央行进入银行间外汇市场买卖外汇从而稳定汇率。央行干预还可以通过干预外汇衍生品市场来影响人民币即期汇率，而不会立即消耗外汇储备。央行通过多个外汇市场工具的联合运用，发挥各工具间的比较优势和协同效应，增强其对人民币汇率的影响力和调控效率。窗口指导是指央行对银行间外汇市场会员发表正式声明或提出指导性建议，传递央行的对人民币汇率的判断和对外汇市场会员的希望，以达到外汇干预的目标。货币政策是指通过利率等政策对外汇市场的传导作用实现外汇干预。此外，我国人民币汇率的中间价反映了央行对人民币汇率态度和期望的风向标，是央行干预的重要工具之一，在引导市场预期、稳定市场汇率发挥了重要作用。目前，人民币汇率中间价由中国外汇交易中心根据做市商在每日银行间外汇市场开盘前，参考上日银行间外汇市场收盘汇率，综合考虑外汇供求情况以及一篮子货币汇率变化提供中间价报价。

央行对外汇市场的入市干预分为冲销干预和非冲销干预，区别的主要根据是央行在外汇干预时是否改变本国货币供给。冲销干预是指央行在外汇市场买卖外汇干预人民币，同时在公开市场操作进行数量相等的反向买卖资产，以达到基础货币不变的目的。由货币供应量公式：$M^s = K \times B$ 可知，货币供应量可以通过改变基础货币和货币乘数两途径调节。具体而言，央行可以通过扩大再贷款和公开市场买卖债券改变基础货币，也可以通过改变存款准备金率等办法改变货币乘数。与之相对的是非冲销干预，央行在外汇市场买卖外汇来稳定汇率，但不采取相应的冲销措施，这种干预会改变一个国家的货币供应量。通常，我国的入市干预都是冲销干预。

央行的外汇干预主要反映在我国的外汇储备上。由图3-7可知，总体来看，2005年以来，我国的外汇储备量稳步上升，直至2014年6月达到3.9万亿美元。此间，人民币汇率渐进升值，央行也对人民币外汇市场频繁干预，外汇占款持续增加。为了冲销其对货币供应量的影响，央行持续上调存款准备金率。2014年6月至2017年5月期间，央行外汇占款余额呈负增长，资本显著流出，中国居民和企业的海外资产配置需求增加。2017年5月至2021年7月，央行外汇占款余额进入平衡期，外汇占款的月变动量接近为零，央行基本上退出了常态化的入市干预。

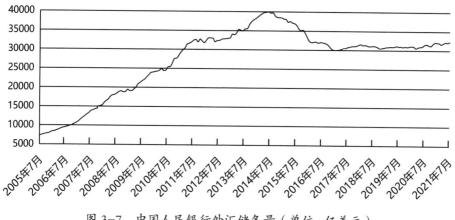

图 3-7　中国人民银行外汇储备量（单位：亿美元）

　　2015 年汇改后，人民币外汇市场成功应对了多轮外部冲击，汇率韧性不断增强，较好地发挥了调节国际收支的自动稳定器作用。人民币汇率双向浮动的弹性增强，有助于货币的升值或贬值压力通过汇率变动及时有效释放，有利于稳定市场预期。在人民币汇率双向波动常态化下，企业运用外汇衍生品管理汇率风险的能力不断提高，市场承受冲击能力明显增强，汇率风险中性意识逐步树立。市场主体逐步建立了汇率双向波动的平常心，外汇交易日益理性有序，为央行防范化解跨境资金流动风险创造了有利条件。在历次外部冲击的应对中，中国人民银行愈发娴熟地运用各类货币政策工具，从调节离岸市场人民币流动性精准打击投机资本，到启动逆周期因子阻断人民币汇率中间价的非理性单边波动，再到加强预期引导管理遏制汇率大幅涨跌预期，还有调整外汇存款准备金率等宏观审慎管理措施。不同于过往频繁地运用外汇储备，中国人民银行一方面持续完善以市场供求为基础、参考一篮子货币进行调节、有管理的浮动汇率制度，保持人民币汇率在合理均衡水平基本稳定；另一方面，不断地完善外汇市场"宏观审慎 + 微观监管"两位一体的监管框架，引导跨境资本有序流动，确保人民币在一个合理区间实现相对平稳的双向波动。

3.4 本章小结

自人民币汇率形成机制市场化改革以来，我国坚持主动性、可控性和渐进性的改革原则，不断完善和健全人民币外汇市场，逐步形成了以市场供求为基础、参考一篮子货币进行调节、有管理的浮动汇率制度。人民币外汇交易量持续增长，外汇市场的市场化程度在深度和广度上均呈现有力拓展，外汇市场微观结构不断发展成熟。总体而言，人民币外汇市场的改革和变化主要可以概括为以下几方面：

一是银行间外汇交易机制的多样化。2006年1月，人民币即期银行间外汇交易市场在竞价交易方式的基础上增加询价交易方式和引进做市商。2017年12月，中国外汇交易中心在新一代外汇交易平台上推出即期撮合交易。新的撮合交易平台能够提供较询价交易更为丰富和全面的报价信息，包括加权平均参考价、最差限价、市场档位行情、深度行情、可成交最优价和绝对最优价等。相较于询价交易，撮合交易反应更迅速，提升了交易效率和信息透明度，并可以防止不规范交易行为。正是由于这些优点，撮合交易是国际外汇市场主流交易方式之一。丰富的交易方式使得不同交易方式之间实现优势互补，既有利于保证市场流动性，满足不同的交易方式需求，又有利于完善外汇市场价格发现机制，提高人民币汇率定价的市场化程度。

二是银行间外汇交易参与主体异质性不断提高。汇改以来，银行间外汇市场的准入条件不断放松，特别是在2014年12月发布的《国家外汇管理局关于调整金融机构进入银行间外汇市场有关管理政策的通知》，取消了对金融机构进入银行间外汇市场的事前准入许可。这意味着，外汇市场参与主体将扩大至境内全部金融机构，包括证券、信托、保险公司等。2015年12月，中国人民银行宣告进一步引入合格境外主体，主要面向人民币购售业务规模较大、有国际影响力和地域代表性的境外参加银行，经向中国外汇交易中心申请成为银行间外汇交易会员后，可参与外汇交易市场全部挂牌的交易品种。截至2020年12月底，人民币银行间外汇市场共有即期会员711家、远期会员255家、掉期会员251家、货币掉期会员207家、期权会员159家，包括境内银行、财务公司、基金证券、企业集团和境外清算行等类型。市场参与主体的日益丰富有利于活跃外汇市场，发挥外汇市场的价格调节和资源配置能力。

三是人民币汇率日交易波动区间不断扩大，中间价报价机制日益完善。2007年5月，央行宣布将人民币兑美元汇率日波动区间从0.3%扩大至0.5%，2012年4月扩大至1%，2014年3月则再一次扩大至2%，至此，每日银行间即期外汇市场人民币兑美元的交易价可在每日人民币兑美元中间价上下2%的幅度内浮动。汇率日交易波动区间的不断扩大有利于增强人民币汇率的双向波动的弹性和灵活度。2015年8月，央行完善人民币兑美元汇率中间价报价机制，中间价的报价参考上日银行间人民币汇率收盘价，使得中间价制度更加透明，市场化程度进一步提高。2017年5月，人民币兑美元汇率中间价报价模式中引入逆周期因子，人民币汇率市场形成机制得到进一步完善。

四是交易品种和交易币种的不断丰富。外汇市场化改革以来，市场中的交易品种由起初的即期和部分银行试点的远期两类产品，不断扩充，增加了掉期、货币掉期、期权、外币对和外币利率等交易品种。

同时，交易币种日益丰富，涵盖美元、欧元、日元、港元、英镑、澳大利亚元、新西兰元、新加坡元、加拿大元、马来西亚林吉特、俄罗斯卢布、泰铢和哈萨克斯坦坚戈等跨境收支结算货币。丰富的交易品种和交易币种，便于经济主体管理汇率风险和降低外汇的交易成本。

总体来看，我国人民币外汇市场微观结构不断完善，逐步形成了以市场供求为基础、有管理的浮动汇率制度，保持人民币汇率在合理、均衡水平上的基本稳定。人民币汇率形成机制改革充分发挥了市场在资源配置中起决定性作用的内在要求，也是我国金融扩大开放、健全宏观调控体系的重要内容。推进人民币汇率形成机制改革，不仅有利于提升宏观经济的自我调节配置的能力，也有利于充分利用"两种资源"和"两个市场"，提升外汇市场服务实体经济的效能。

第四章

噪声交易视角下的人民币汇率演化模型研究

2014 年 12 月，国家外汇管理局取消对金融机构进入银行间外汇市场的事前准入许可，将银行间外汇市场的参与主体扩大至全部境内金融机构，证券、信托、保险公司等均可进入银行间外汇市场。随着人民币汇率市场化改革的不断深化，外汇市场交易品种的不断增加，市场参与主体的异质性显著提高，人民币汇率的运动变得更为复杂。本章根据人民币的外汇市场微观结构特征，构建了一个基于噪声交易视角的人民币汇率演化模型，考察市场中基本面交易者和噪声交易者的动态变化和人民币汇率演化的运动轨迹。

4.1 引言

2014 年 12 月，国家外汇管理局取消对金融机构进入银行间外汇市场的事前准入许可，将银行间外汇市场的参与主体扩大至全部境内金融机构，证券、信托、保险公司等均可进入银行间外汇市场。2016 年 10 月，人民币正式纳入国际货币基金组织的特别提款权（SDR）货币篮子，有力地刺激了国际金融机构和境外央行等机构对人民币的配置需求。随着人民币汇率市场化改革的不断深化，外汇市场交易品种的不断增加，市场参与主体的异质性显著提高，人民币汇率的运动变得更为复杂。这其中有没有什么规律呢？尽管人民币外汇市场的变化迅猛，但国内外现有文献仍然较多地使用传统的汇率决定理论研究人民币汇率变化规律。传统的汇率决定理论从经济增长、购买力平价、利率平价、国际收支和资本流动等宏观经济基本面来研究汇率运动规律。但众多实证结果表明，宏观汇率模型无法解释一些汇率之谜，如汇率脱离之谜、过度波动之谜和汇率非线性之谜等。于是，学者们开始吸收借鉴市场微观结构理论用以研究外汇市场的汇率决定和波动规律。研究证据表明，投资者的异质性可能是解释汇率波动变化的关键因素。基本面交易者根据经济增长率、利率和进出口贸易等宏观经济等基本面因素来预测汇率的变化趋势，而技术交易者则根据汇率过去的变化趋势和波动特点来预测汇率的未来走势（De Grauwe & Dewachter，1995）。

Lyons 于 2001 年出版的《汇率的微观结构研究》对外汇市场微观结构理论进行了较为全面和系统的归纳总结，标志着外汇市场微观结构理论框架的基本成型。总的来说，外汇市场微观结构理论的研究方法主要可分为：噪声交易法和资产交易法。

Frankel & Froot（1990）通过调查分析证实了噪声交易者的存在，并且发现由于噪声交易者的存在，汇率在短期内偏离由基本面决定的汇率水平且波动性增加。De Grauwe & Dewachter（1995）构建了外汇市场上存在基本面交易者和噪声交易者两种类型的代理人的噪声交易模型。基本面交易者根据宏观经济和政治等基本面因素确定汇率的未来价格，而噪声交易者则根据汇率过去的市场价格和波动趋势来预期汇率的未来走势，两类型的代理人的比例随汇率与基本面汇率的差异程度而调整变化。Jeanne & Rose（2002）构建噪声交易者根据资产组合的需要内生性选择进入外汇市场的噪声交易模型，研究发现，汇率的波动既来源基本面因素的波动，也来源于噪声交易者的进入。

Pierdzioch（2005）构建依市定价的新开放宏观经济学模型（PTM-NO-EM），其中的外汇市场的噪声交易者初始时根据经验法则预测汇率，随着时间推移，噪声交易者根据累积信息更新汇率预测，从而解释了汇率超调的延时之谜。De Grauwe & Grimaldi（2006）构建了噪声交易者和基本面交易者两类型代理人比例随两种投资策略的利润而调整变化的包含有交易成本的噪声交易模型。Bacchetta & Van Wincoop（2006）构建了交易者异质外汇市场微观结构模型，考察信息不对称和看法差异的外汇市场交易者对短期汇率决定与波动的作用影响。Bauer et al.（2009）将可信的目标区间对投资者的预期的影响引入外汇市场噪声交易模型之中。研究发现，汇率区间制使得汇率将较长时间停留在目标区的中心，显著降低汇率的波动性。Xu（2010）将理性交易者和噪声交易者引入价格黏性的一般均衡模型，一方面解释了汇率脱离之谜，另一方面也说明托宾税能降低汇率的过度波动。Proaño（2011）构建了外汇市场存在基本面交易者和噪声交易者的两国宏观模型，发现外汇市场大量的噪声交易者会造成外汇市场甚至整个宏观经济系统的紊乱。Dick & Menkhoff（2013）通过 400 个德国专家对美元 / 欧元预测的面板数据进行实证研究，发现基本面交易者和噪声交易者具有不同的预期规则，噪声交易者更频繁地改变预测方向，从而导致了汇率的不稳定。Goldbaum et al.（2014）构建了一个递归估计和机制转换的噪声交易模型，利用外汇市场的调查数据实证研究，发现噪声交易模型解释了外汇市场的大部分预期。Flaschel et al.（2015）运用小型开放经济体的既有宏观因素又有外汇市场微观结构特征的噪声模型考察噪声交易者和基本面交易者比例在名义汇率渐进调整过程中内生变化的复杂市场预期的产生。研究表明，噪声交易者趋于使经济体紊乱。

由此可见，国外对外汇市场的噪声交易研究已比较广泛，模型设定各具特点，研究方法多种多样。

随着中国人民币市场化改革的开启和外汇市场微观结构理论的广泛研究，国内也开始关注和运用市场微观结构理论研究人民币汇率问题。丁剑平和曾芳琴（2005）对外汇市场微观结构的理论进行了梳理总结，包括指令流的解释能力、指令流和宏观基本面因素以及汇率三者的关系，指令流与中短期汇率波动的关系等方面。陈浪南等（2008）构建了一个央行频繁干预情形下的人民币汇率决定的市场微观结构模型，模型中的各类外汇市场参与者，即外汇指定交易银行、流动性需求者、流动性供给者以及中央银行等，在人民币外汇市场中进行报价和交易策略博弈，最终共同决定了人民币汇率的形成。杨荣和徐涛（2009）从外汇市场微观结构角度出发来解析中国外汇市场微观结构特征和转变过程。研究认为，2006年人民币外汇市场引入了做市商制度，使得人民币汇率的定价初具市场特征，但是人民币外汇市场以银行间市场为主，交易量较小，客户结构单一的市场特征限制了汇率基本面信息的传递。李晓峰等人（2011）采用国际知名金融机构的调查数据发现汇率预期具有异质性，70%以上的金融机构基于汇率过去的走势进行预测，而25%左右的金融机构基于宏观基本面预测。杨荣和徐涛（2009）从外汇市场微观结构角度出发来解析中国外汇市场微观结构特征和转变过程。研究认为，2006年人民币外汇市场引入了做市商制度，使得人民币汇率的定价初具市场特征，但是人民币外汇市场以银行间市场为主，交易量较小，客户结构单一的市场特征限制了汇率基本面信息的传递。李晓峰和魏英辉（2009）基于市场交易者异质预期的假设，构建了包含央行干预的汇率行为金融模型，运用计算机模拟技术对央行不同干预方式的有效性进行分析。白淑云（2010）构建了一个央行干预通过知情做市商的"热土豆"效应（Hot Potato Effect）传递指令流和干预信息给非知情做市商，金融投资者得知央行干预后调整基本面分析的权重的人民币汇率动态微观结构模型，研究了外汇市场的稳定性条件和央行干预效果。由此可见，国内学者对人民币外汇市场微观结构进行了不同侧重点的分析，但是随着人民币外汇市场化改革的推进，市场特征发生了一些变化，例如央行宣布要逐渐减少外汇市场干预，外汇市场参与者更为广泛，因而外汇市场异质性显著提高等。

综上所述，基于噪声交易视角考察人民币汇率演化规律的模型仍然少见，具体的模型设定各具特点。本章根据外汇市场微观结构特征，构建了一个基于噪声交易视角的人民币汇率演化模型，考察市场中基本面交易者和噪声交易者的动态变化和人民币汇率的运动轨迹。一方面，有助于深化对基本面交易者和噪声交易者的动态变化和人民币汇率的运动规律的认识，为完善人民币外汇市场和人民币汇率形成机制提供理论依据；另一方面，也可以丰富我国基于噪声交易视角的人民币汇率理论研究。

4.2 模型设定

我国的人民币外汇市场的主要参与者有外汇投资者和做市商。2014 年 12 月，国家外汇管理局取消对金融机构进入银行间外汇市场的事前准入许可，这将有助于银行间外汇市场的参与主体扩大至境内全部金融机构，显著提升外汇市场的异质性。基于此，借鉴 Frankel & Froot（1990）和 De Grauwe & Grimaldi（2006）的研究，本章假设外汇投资者分为基本面交易者和噪声交易者，两种类型的外汇投资者的投资策略如下。

基本面交易者（Fundamental，F）通过利率、国际收支、宏观经济增长等基本面因素的变化来判断外汇变化，从而做出交易决策。基本面交易者的外汇需求为：

$$F_t = \varphi(s^f - s_t) \tag{4-1}$$

其中，s_t 为 t 时期直接标价法下的人民币即期汇率的对数，即 $s_t = \log(S_t)$，S_t 为 t 时期直接标价法下的人民币即期汇率。同理，s^f 为 t 时期人民币基本面汇率的对数，短期内可认为是常数。φ 为基本面交易者的交易强度，$\varphi > 0$。也就是说，当外汇的基本面价值高于人民币即期汇率时，基本面交易者会买进外汇。

与基本面交易者不同，噪声交易者（Noise，N）不是根据汇率的基本面信息，而是根据汇率过去的汇率走势等技术指标来判断外汇变化，从而做出交易决策（De Grauwe & Grimaldi，2006；Beine et al.，2009）。因此，噪声交易者的外汇需求为：

$$N_t = \alpha(s_t - s_{t-1}) \tag{4-2}$$

其中，α 为噪声交易者的交易强度，$\alpha > 0$。也就是说，当外汇的上期走势为升值时，噪声交易者认为汇率会继续上升，从而买入外汇货币。

两类交易者的比例（Weight，W）可随市场状况调整转换。Brock & Hommes（1997）首先构建了异质预期根据过去的预期策略的利润表现转换策略。Beine et al.（2009）和 De Grauwe & Grimaldi（2006）将 Brock & Hommes（1997）的模型拓展应用到汇率研究当中，基本面交易者和噪声交易者根据上一期投资策略的投资利润动态调整投资策略。本章在借鉴前人的思想基础上，根据现实现象，假设基本面交易者的比例随着外汇市场噪声变化而变化。假设市场的噪声大小与外汇市场的波动率呈正相关，当外汇市场波动率大时，市场噪声也相应增大，反之亦然。例如，当外汇市场剧烈波动上升和剧烈波动下降时，人们最容易使用技术分析进行跟风的市场操作。也就是说，当外汇市场波动较大时，市场中的噪声亦较大，导致交易者对汇率基本面的估计变得更为困难和迷惑，因而基本面交易者的比例下降，噪声交易者的比例上升。这与现实情况也是一致的。基本面交易者的比例为即时噪声的函数，为：$w^f = \exp(-\theta\sigma^2)$，$\exp(-\theta\sigma^2)$ 使得基本面交易者的比例随着 σ^2 的变化在 0 到 1 之间变化；相应地，噪声交易者的比例为：$w^c = 1 - \exp(-\theta\sigma^2)$。其中，$\sigma^2$ 为即时人民币汇率的波动率，短期内可以视为常数，θ 为基本面交易者比例对人民币汇率波动率的调整强度，$\theta > 0$。因此，外汇投资者对外汇的总需求为：

$$D_t = \exp(-\theta\sigma^2) \cdot \varphi(s^f - s_t) + \left[1 - \exp(-\theta\sigma^2)\right] \cdot \alpha(s_t - s_{t-1}) \quad （4-3）$$

当 $D_t > 0$ 时，外汇市场的供需状况表现为超额的外汇需求；当 $D_t < 0$ 时，0 外汇市场的供需状况表现为超额的外汇供给；做市商在收到客户指令流后，根据外汇市场的供需状况调整人民币汇率的市场报价，使得外汇市场出清。借鉴 Chiarella et al.（2002），本章假设做市商的报价规则为：

$$\begin{aligned} s_{t+1} &= s_t + k \cdot D_t \\ &= \left\{1 + \left[1 - \exp(-\theta\sigma^2)\right] \cdot \alpha k - \exp(-\theta\sigma^2) \cdot \varphi k\right\} \cdot s_t - \\ &\quad \left[1 - \exp(-\theta\sigma^2)\right] \alpha k \cdot s_{t-1} + \exp(-\theta\sigma^2) \varphi k \cdot s^f \end{aligned} \quad （4-4）$$

其中，k 为做市商对外汇市场的价格调整系数，受外汇市场波动率的影响。在外汇市场波动率较高的情况下，低风险偏好的做市商为了快速清仓外汇存货，做市商报价的价格调整系数 k 会变大（Jang，2007）。也就是说，做市商在接收到外汇交易者和央行干预的指令流后，根据外汇的供需状况和外汇市场波动率的变化调整价格来实现外汇市场的供需均衡。外汇需求越多，汇率上升越高。

4.3 模型的动态均衡解

将（4-4）式改写为二阶差分方程：

$$
\begin{aligned}
&s_{t+2} - \left\{1 + \left[1 - \exp(-\theta\sigma^2)\right] \cdot \alpha k - \exp(-\theta\sigma^2) \cdot \varphi k\right\} \cdot s_{t+1} + \\
&\left[1 - \exp(-\theta\sigma^2)\right] \alpha k \cdot s_t = \exp(-\theta\sigma^2)\varphi k \cdot s^f
\end{aligned}
\tag{4-5}
$$

为简化计算，令：

$$
a = -\left\{1 + \left[1 - \exp(-\theta\sigma^2)\right] \cdot \alpha k - \exp(-\theta\sigma^2) \cdot \varphi k\right\}
\tag{4-6}
$$

$$
b = \left[1 - \exp(-\theta\sigma^2)\right] \alpha k
\tag{4-7}
$$

$$
c = \exp(-\theta\sigma^2)\varphi k \cdot s^f
\tag{4-8}
$$

则（4-6）式可写为：

$$
s_{t+2} + a \cdot s_{t+1} + b \cdot s_t = c
\tag{4-9}
$$

对应的齐次差分方程的特征方程为：

$$s_{t+2} + a \cdot s_{t+1} + b \cdot s_t = 0 \qquad (4\text{-}10)$$

齐次差分方程（4-10）的特征方程为：

$$\lambda^2 + a \cdot \lambda + b = 0 \qquad (4\text{-}11)$$

令：

$$\begin{aligned}
\Delta &= a^2 - 4b \\
&= \left\{ 1 + \left[1 - \exp(-\theta\sigma^2) \right] \cdot \alpha k - \exp(-\theta\sigma^2) \cdot \varphi k \right\}^2 - 4 \left[1 - \exp(-\theta\sigma^2) \right] \alpha k
\end{aligned}$$

4.3.1 当 $\Delta > 0$ 时

当 $\Delta > 0$ 时，特征方程有两个相异的特征根，$\lambda_{1,2} = \dfrac{-a \pm \sqrt{\Delta}}{2}$ ，齐次差分方程（4-10）的通解为：

$$\overline{s_t} = A\lambda_1^t + B\lambda_2^t \qquad (4\text{-}12)$$

由于：

$$\begin{aligned}
1 + a + b &= 1 - \left\{ 1 + \left[1 - \exp(-\theta\sigma^2) \right] \cdot \alpha k - \exp(-\theta\sigma^2) \cdot \varphi k \right\} + \left[1 - \exp(-\theta\sigma^2) \right] \alpha k \\
&= \exp(-\theta\sigma^2) \cdot \varphi k > 0
\end{aligned}$$

差分方程（4-9）的特解为：

$$\begin{aligned}
s_t^* &= \frac{c}{1+a+b} \\
&= \frac{\exp(-\theta\sigma^2)\varphi k \cdot s^f}{\exp(-\theta\sigma^2) \cdot \varphi k} \qquad (4\text{-}13) \\
&= s^f
\end{aligned}$$

因此，差分方程（4-5）的通解为：

$$
\begin{aligned}
s_t &= \overline{s_t} + s_t^* \\
&= A\lambda_1^t + B\lambda_2^t + s^f
\end{aligned}
\tag{4-14}
$$

其中，A、B 是任意常数，$\lambda_{1,2} = \dfrac{1 + \left[1 - \exp(-\theta\sigma^2)\right] \cdot \alpha k - \exp(-\theta\sigma^2) \cdot \varphi k \pm \sqrt{\Delta}}{2}$，

$$
\begin{aligned}
\Delta &= \left\{1 + \left[1 - \exp(-\theta\sigma^2)\right] \cdot \alpha k - \exp(-\theta\sigma^2) \cdot \varphi k\right\}^2 - 4\left[1 - \exp(-\theta\sigma^2)\right]\alpha k \\
&= \left[1 - \exp(-\theta\sigma^2) \cdot \varphi k\right]^2 + \left[1 - \exp(-\theta\sigma^2)\right]^2 \cdot \alpha^2 k^2 - 2\left[1 + \exp(-\theta\sigma^2) \cdot \varphi k\right]\left[1 - \exp(-\theta\sigma^2)\right]\alpha k
\end{aligned}
$$

式（4-14）的前两项 $A\lambda_1^t + B\lambda_2^t$ 表示汇率运动轨迹与均衡汇率的偏差，两个不相关的初始条件下确定两系数 A、B，从而决定汇率是正偏离还是负偏离基本面汇率。式（4-14）的最后一项 s^f 为人民币汇率的基本面汇率。

由于 λ_1^t、λ_2^t 为时间 t 的指数函数，假如 $\lambda_{1,2} < 0$，λ_1^t、λ_2^t 的部分函数值无实数值，不符合经济现实，可由经济现实推断外汇市场特征会使 $\lambda_{1,2} > 0$。故而，汇率的运动轨迹动态稳定性的充分必要条件为 $\lambda_{1,2} < 1$，即 $\lambda_1 + \lambda_2 < 2$ 且 $\lambda_1 \cdot \lambda_2 < 1$。代入 $\lambda_{1,2}$ 得：

$$
\lambda_1 + \lambda_2 = 1 + \left[1 - \exp(-\theta\sigma^2)\right] \cdot \alpha k - \exp(-\theta\sigma^2) \cdot \varphi k < 2
\tag{4-15}
$$

$$
\lambda_1 \cdot \lambda_2 = 4\left[1 - \exp(-\theta\sigma^2)\right]\alpha k < 1
\tag{4-16}
$$

解得：

$$
\left[1 - \exp(-\theta\sigma^2)\right] \cdot \alpha k - \exp(-\theta\sigma^2) \cdot \varphi k < 1
\tag{4-17}
$$

$$
\left[1 - \exp(-\theta\sigma^2)\right]\alpha k < \frac{1}{4}
\tag{4-18}
$$

综合式（4-17）和式（4-18），汇率的运动轨迹动态稳定性的必要条件为 $\left[1-\exp(-\theta\sigma^2)\right]\alpha k < \frac{1}{4}$ 。令 $\left[1-\exp(-\theta\sigma^2)\right]\alpha$ 为噪声交易者的加权交易强度，$\exp(-\theta\sigma^2)\cdot\varphi$ 为基本面交易者的加权交易强度。汇率收敛于基本面汇率 s^f 的条件为噪声交易者的加权交易强度 $\left[1-\exp(-\theta\sigma^2)\right]\alpha$ 和做市商的价格调整速度 k 之积小于 $\frac{1}{4}$ 。由 $\lambda_{1,2}$ 可知，当汇率的运动轨迹动态稳定时，汇率运动轨迹由基本面交易者、噪声交易者和做市商等市场参与者的行为特征共同决定。当市场的外部冲击较小时，噪声交易的加权交易强度较低，做市商的价格调整速度也较慢，汇率会最终趋向汇率的基本面价值。当外部冲击越小，汇率回归基本面则越快。然而，当噪声交易者的加权交易强度 $\left[1-\exp(-\theta\sigma^2)\right]\alpha$ 和做市商的价格调整速度 k 之积大于 $\frac{1}{4}$ 时，汇率则会不断偏离基本面汇率，甚至造成泡沫（或者崩溃）。也就是说，外部冲击 σ^2 较大时，噪声交易者的比例 $1-\exp(-\theta\sigma^2)$ 上升，噪声交易者的交易强度 α 变大，同时做市商的价格调整速度 k 也会变得更快，因而，汇率会在噪声交易者的推波助澜下，不断偏离基本面汇率。

4.3.2 当 $\Delta=0$ 时

当 $\Delta=0$ 时，特征方程有两个相等的特征根，$\lambda=\frac{-a}{2}$ ，齐次差分方程（4-10）的通解为：

$$\overline{s_t}=\left(A+Bt\right)\lambda^t \tag{4-19}$$

同理，差分方程（4-9）的特解为：

$$s_t^*=s^f \tag{4-20}$$

因此，差分方程（4-5）的通解为：

$$s_t = \overline{s_t} + s_t^*$$
$$= (A + Bt)\lambda^t + s^f \qquad (4-21)$$

其中，A、B是任意常数，$\lambda = \dfrac{1 + [1 - \exp(-\theta\sigma^2)] \cdot \alpha k - \exp(-\theta\sigma^2) \cdot \varphi k}{2}$。式（4-21）的第一项$(A+Bt)\lambda^t$表示汇率运动轨迹与均衡汇率的偏差，两个不相关的初始条件下确定两系数A、B，从而决定汇率是正偏离还是负偏离基本面汇率。式（4-21）的最后一项s^f表示人民币汇率的基本面汇率。

由于λ^t为时间t的指数函数，所以汇率的运动轨迹动态稳定性的充分必要条件为$\lambda < 1$，即$\dfrac{1 + [1 - \exp(-\theta\sigma^2)] \cdot \alpha k - \exp(-\theta\sigma^2) \cdot \varphi k}{2} < 1$，解得：

$$\left\{ [1 - \exp(-\theta\sigma^2)] \cdot \alpha - \exp(-\theta\sigma^2) \cdot \varphi \right\} k < 1 \qquad (4-22)$$

由式（4-22）可知，汇率收敛于基本面汇率s^f的条件为噪声交易者的加权交易强度$[1 - \exp(-\theta\sigma^2)] \cdot \alpha$减去基本面交易者的加权交易强度$\exp(-\theta\sigma^2) \cdot \varphi$之后，与做市商的价格调整速度$k$之积小于1。由$\lambda = \dfrac{1 + [1 - \exp(-\theta\sigma^2)] \cdot \alpha k - \exp(-\theta\sigma^2) \cdot \varphi k}{2}$可知，汇率的运动轨迹动态稳定时，汇率的运动轨迹由基本面交易者、噪声交易者和做市商等市场参与者的行为特征共同决定。噪声交易者项$[1 - \exp(-\theta\sigma^2)] \cdot \alpha k$越大，汇率收敛于基本面汇率的速度越慢，基本面交易者项$\exp(-\theta\sigma^2) \cdot \varphi k$越大，汇率收敛于基本面汇率的速度越快，均衡汇率的偏差越快趋于零。然而，当$\left\{ [1 - \exp(-\theta\sigma^2)] \cdot \alpha - \exp(-\theta\sigma^2) \cdot \varphi \right\} k > 1$时，即噪声交易者的加权交易强度$[1 - \exp(-\theta\sigma^2)] \cdot \alpha$减去基本面交易者的加权交易强度$\exp(-\theta\sigma^2) \cdot \varphi$后，与做市商的价格调整速度$k$之积大于1时，汇率则会不断偏离基本面汇率，

甚至造成泡沫（或者崩溃）。也就是说，当外部冲击 σ^2 较大时，噪声交易者的比例 $1-\exp(-\theta\sigma^2)$ 上升，噪声交易者的交易强度 α 变大，基本面交易者的比例 $\exp(-\theta\sigma^2)\cdot\varphi$ 下降，同时做市商的价格调整速度 k 也会变得更快，因而，汇率会在基本面交易者和噪声交易者力量对比的此消彼长中，不断偏离基本面汇率。

4.3.3 当 $\Delta<0$ 时

当 $\Delta<0$ 时，特征方程有一对共轭的复数特征根，$\lambda_{1,2}=\dfrac{-a\pm i\sqrt{4b-a^2}}{2}$，齐次差分方程（4–11）的通解为：

$$\overline{s_t}=\omega^t(A\cos\theta t+B\sin\theta t) \tag{4–23}$$

同理，差分方程（4–10）的特解为：

$$s_t^*=\frac{\exp(-\theta\sigma^2)\varphi\cdot s^f}{\exp(-\theta\sigma^2)\cdot\varphi}=s^f \tag{4–24}$$

因此，差分方程（4–6）的通解为：

$$\begin{aligned}s_t&=\overline{s_t}+s_t^*\\&=\omega^t(A\cos\theta t+B\sin\theta t)+s^f\end{aligned} \tag{4–25}$$

其中，A、B 是任意常数，$\omega=\sqrt{b}=\sqrt{\left[1-\exp(-\theta\sigma^2)\right]\alpha k}$，$\tan\theta=-\dfrac{\sqrt{4b-a^2}}{a}$，$a=-\left\{1+\left[1-\exp(-\theta\sigma^2)\right]\cdot\alpha k-\exp(-\theta\sigma^2)\cdot\varphi k\right\}$，$b=\left[1-\exp(-\theta\sigma^2)\right]\alpha k$。式（4–25）的前两项 $\omega^t(A\cos\theta t+B\sin\theta t)$ 表示汇率运动轨迹与均衡汇率的偏差，两个不相关的初始条件下确定两系数 A、B，从而决定汇率是正偏离还是负

偏离基本面汇率。式（4-25）的最后一项 s^f 表示人民币汇率的基本面价值。由于 ω^t 为时间 t 的指数函数，所以汇率的运动轨迹动态稳定性的充分必要条件为 $\omega<1$，即 $\omega=\sqrt{[1-\exp(-\theta\sigma^2)]\alpha k}<1$，解得：

$$\left[1-\exp(-\theta\sigma^2)\right]\alpha k < 1 \qquad （4-26）$$

也就是说，汇率收敛于基本面汇率 s^f 的条件为噪声交易者的加权交易强度 $\left[1-\exp(-\theta\sigma^2)\right]\alpha$ 和做市商的价格调整速度 k 之积小于1。当汇率的运动轨迹动态稳定时，由 $s_t=\omega^t(A\cos\theta t+B\sin\theta t)+s^f$ 和 $\omega=\sqrt{[1-\exp(-\theta\sigma^2)]\alpha k}$ 可知，汇率的运动轨迹动态稳定时，汇率的运动轨迹由基本面交易者、噪声交易者和做市商等市场参与者的行为特征共同决定。汇率在指数收敛曲线 ω^t+s^f 附近正弦震荡并最终收敛于基本面汇率。噪声交易者项 $\left[1-\exp(-\theta\sigma^2)\right]\alpha$ 越大，做市商调整报价的速度 k 越快，汇率收敛于基本面汇率的速度越慢。然而，当 $\left[1-\exp(-\theta\sigma^2)\right]\alpha k>1$ 时，即噪声交易者的加权交易强度 $\left[1-\exp(-\theta\sigma^2)\right]\alpha$ 与做市商的价格调整速度 k 之积大于1时，汇率则会不断偏离基本面汇率，甚至造成泡沫（或者崩溃）。也就是说，当外部冲击 σ^2 较大时，噪声交易者的比例 $1-\exp(-\theta\sigma^2)$ 上升，噪声交易者的交易强度 α 变大，同时做市商的价格调整速度 k 也会变得更快，因而，汇率会在噪声交易者的羊群效应中，不断偏离基本面汇率。

4.4 本章小结

本章基于噪声交易视角构建了一个市场中的基本面交易者和噪声

交易者两类外汇投资者的比例随着市场的波动率程度而调整变化的人民币汇率演化模型。通过对模型的动态均衡解的求解，本章考察了在不同的初始条件、市场参与者的行为特征和外部经济环境条件下，市场中基本面交易者和噪声交易者的动态变化和人民币汇率演化的运动轨迹，得出了如下结论：

1. 不同的初始条件、市场参与者的行为特征和外部经济环境条件共同决定了汇率偏离基本面汇率的位置和具体运动轨迹。当汇率基本面受到重大的外部冲击时，噪声交易者的比例上升，噪声交易者的交易强度变大，同时基本面交易者的力量相对较弱，做市商的价格调整系数变大，最终导致人民币汇率过度反应，汇率的运动轨迹不断偏离汇率的基本面价值。而当外部冲击的大小在一定范围内时，人民币汇率会温和地最终趋向汇率的基本面价值。这也就解释了汇率超调之谜和非线性之谜产生的机制。

2. 当外汇市场条件符合 $\Delta > 0$ 时，汇率收敛于基本面汇率的条件为噪声交易者的加权交易强度和做市商的价格调整速度之积小于 $\frac{1}{4}$。否则，汇率会在噪声交易者的推波助澜下，不断偏离基本面汇率，直至崩溃。

3. 当外汇市场条件符合 $\Delta = 0$ 时，汇率收敛于基本面汇率的条件为噪声交易者的加权交易强度减去基本面交易者的加权交易强度之后，与做市商的价格调整速度之积小于 1。否则，汇率会在基本面交易者和噪声交易者力量对比的此消彼长中不断偏离基本面汇率，直至崩溃。

4. 当外汇市场条件符合 $\Delta < 0$ 时，汇率收敛于基本面汇率的条件为噪声交易者的加权交易强度和做市商的价格调整速度之积小于 1。否则，汇率会在噪声交易者的羊群效应中，不断偏离基本面汇率，直至

崩溃。

因此，汇率的健康平稳运行从根本上来说离不开稳健的宏观经济运行。在没有重大的外部冲击的情况下，人民币汇率会温和地最终趋向汇率的基本面价值。因此，密切监测整个宏观经济面的经济运行状态，及时研判和化解其中可能存在的重大的基本面风险，才能确保汇率不会大起大落地脱离汇率基本面。另外，在外汇交易市场微观制度建设上，应注意设计预期指导窗口和设置噪声交易者的投机门槛和成本，从而在制度上确保人民币汇率的健康运行。

第五章
央行干预下的人民币汇率演化模型研究

尽管央行已经基本上退出了常态化的市场干预，但这不代表央行舍弃对外汇市场的必要干预。毫无疑问，当汇率市场出现非理性剧烈波动时，央行干预仍然是必要的。本章在上一章提出的人民币汇率演化模型的基础上，引入央行干预，构建了一个包含央行干预的人民币汇率演化模型，考察央行干预对于市场中基本面交易者和噪声交易者的作用效果以及人民币汇率在央行干预下的运动轨迹。

5.1 引言

1971 年布雷顿森林货币体系解体后，主要的西方发达国家实行浮动汇率制，大多数发展中国家则实行有管理的浮动汇率制度。然而，浮动汇率的科学管理离不开央行的外汇干预。1994 年，中国建立全国统一的银行间外汇市场，为建立健全以市场供求为基础的、有管理的浮动汇率制奠定坚实基础。随着人民币汇率市场化改革的不断深化，我国外汇市场交易品种的不断增加，市场参与主体的日益丰富，人民币汇率双向浮动弹性渐进扩大，银行间外汇市场在人民币汇率形成机制中的市场配置作用日益突出，也对央行的汇率管理水平提出更高的要求。央行干预外汇市场也需要通过银行间外汇市场发挥作用。因此，基于噪声交易视角的外汇市场微观结构研究央行干预的作用效果和作用途径是十分必要的。

Lyons（1995）应用马克/美元的汇率数据实证研究证实指令流通过存货机制和信息机制影响汇率价格，开创了运用市场微观结构理论研究外汇市场的先河。Lyons（1997）提出著名的"热土豆"模型，即假设一个做市商接受某个外汇投资者的大额交易指令，为了降低存货风险会将部分存货转移给其他做市商。Lyons（2001）在归纳总结众多外汇市场微观结构研究的基础上编著出版了《汇率的微观结构研究》，标志着外汇市场微观结构理论框架的基本确立。总的来说，外汇市场微观结构理论的研究方法主要有：资产交易法和噪声交易法。Frankel & Froot（1990）通过调查数据说明外汇市场中交易者异质期望对外汇市场的重要影响，噪声交易者的投机行为是市场过度波动和泡沫产生的根源。De Grauwe & Dewachter（1993）首次提出外汇市场上基本面交易者和噪声交易者互动的噪声交易模型，投机行为的非线性导致汇率的混沌运动。模型中的基本面交易者根据购买力平价等基本面分析预期汇率价值，而噪声交易者则根据移动平均等技术分析预期汇率价值。Bauer et al.（2009）构建了一个具有基本面交易者和噪声交易者的行为金融模型，考察他们在浮动外汇制度和区间外汇制度下的交易行为。研究发现区间外汇制度下，汇率会停留在区间中心一段时间，而且，区间汇率制度还能显著降低外汇市场的投机行为，抑制汇率的过度波动。Xu（2010）将理性交易者和噪声交易者引入黏性价格的一般均衡模型，一方面解释了汇率脱离之谜，另一方面说明托宾税能降低汇率的过度波动。Flaschel et al.（2015）研究一个具有内生的异质预期的小型开放经济体，模型中的金融市场并非理性预期和市场出清，而是渐进的动态调整。研究发现，外汇市场影响经济体的信心，从而影响消费和投资决策，进而影响实体经济的表现。与此同时，基于噪声交易视角研究央行干预的文献亦开始涌现。传统的央行干预作用实现的渠道有资产组合渠道（Evans & Lyons，2001）和信号渠道（Vitale，1999）。Sarno & Taylor（2001）在总结央行干预的作用渠道上提出协调渠道，并由 Taylor（2004，2005）和 Reitz & Taylor（2008）进一步拓展。协调渠道理论认为，当噪声交易者将汇率带离基本面汇率后，每个个体独立的逆向操作风险极大，而央行干预可起到协调市场资金同时行动，从而达到干预效果。Jeanne & Rose（2002）构建了一个由噪声交易者内生决定是否进入外汇市场的噪声模型，研究表明，噪声交易者进入汇率市场增大了汇率的波动。央行可以通过降低汇率基本面因素的波动和抑制噪声交易者进入市场来降低汇率波动。Jang（2007）运用市场微观结构模型分析央行干预和外汇市场特征的关系。研究表明，央行干预对外汇市场的影响取决于资产配置者的交易强度、基本面交易者的比例边界、做市商的价格调整速度和投机交易者的交易强度。Beine et al.，（2009）基于噪声交易者模型，运用时变转换概率模型考察央行对外汇干预的影响，发现央行的干预增加了基本面交易者的比例，从而稳定汇率。Chutasripanich & Yet-man（2015）构建了一个包含基本面交易者、投机交易者和央行的噪声交易模型，根据稳定汇率、减小经常账户不平衡、抑制投机、最小化外汇储备波动和最小化干预成本等五项标准考察不同干预规则下央行的干预效果。由此可见，国外文献运用噪声交易法研究央行干预对汇率的影响进行了广泛的理论和实证研究。

随着国外外汇市场微观结构理论研究的不断深入，国内学者也开始运用市场微观结构理论研究央行干预对汇率的影响。丁剑平等（2006）通过构建市场微观结构模型比较分析了央行在不同的交易层次进行外汇市场干预的效果。研究结果表明，央行干预会使汇率更接近其真实波动水平，并且央行通过做市商间接参与银行间外汇市场比直接参与的干预效果更好。陈浪南等（2008）构建了一个央行频繁干预情形下的人民币汇率决定的市场微观结构模型，市场中存在外汇指定交易银行、流动性需求者、流动性供给者以及中央银行等，研究了市场不同参与者的交易策略均衡。李晓峰和魏英辉（2009）基于市场交易者异质预期的假设，构建了包含央行干预的汇率行为金融模型，并运用计算机模拟技术对央行不同干预方式的有效性进行分析。白淑云（2010）构建了一个央行干预通过知情做市商的"热土豆"效应传递指令流和干预信息给非知情做市商，金融投资者得知央行干预后调整基本面分析的权重的人民币汇率动态微观结构模型，研究了外汇市场的稳定性条件和央行干预效果。

综上所述，基于噪声交易视角考察央行干预的作用效果的人民币汇率模型仍然少见，具体的模型设定各具特点。本章根据人民币的外汇市场微观结构特征，基于噪声交易视角构建了一个包含央行干预的人民币汇率演化模型，考察央行干预对于市场中基本面交易者和噪声交易者的作用影响和人民币汇率在央行干预下的运动轨迹。一方面，有助于央行深化对央行干预的作用效果的认识，把握外汇市场干预的渠道和规律，为人民币汇率的科学有效管理提供理论依据和干预建议；另一方面，也可以丰富我国基于噪声交易视角的外汇干预理论研究。

5.2 模型设定

我国的人民币外汇市场的参与者分为外汇投资者、做市商和中国人民银行。2014 年 12 月，国家外汇管理局取消对金融机构进入银行间外汇市场的事前准入许可，这将有助于银行间外汇市场的参与主体扩大至境内全部金融机构，显著提升外汇市场的异质性。基于此，借鉴 Frankel & Froot（1990）和 De Grauwe & Grimaldi（2006）的研究，本章假设外汇投资者分为基本面交易者和噪声交易者，两种类型的外汇投资者的投资策略如下。

基本面交易者（Fundamental，F）通过利率、国际收支、宏观经济增长等基本面因素的变化来判断外汇变化，从而做出交易决策。基本面交易者的外汇需求为：

$$F_t = \varphi(s^f - s_t) \tag{5-1}$$

其中，s_t 为 t 时期直接标价法下的人民币即期汇率的对数，即 $s_t = \log(S_t)$，S_t 为 t 时期直接标价法下的人民币即期汇率。同理，s^f 为 t 时期人民币基本面汇率的对数，短期内可认为是常数。φ 为基本面交易者的交易强度，$\varphi > 0$。也就是说，当外汇的基本面价值高于人民币即期汇率时，基本面交易者会买进外汇。

与基本面交易者不同，噪声交易者（Noise，N）不是根据汇率的基本面信息，而是根据汇率过去的汇率走势等技术指标来判断外汇变化，从而做出交易决策（De Grauwe & Grimaldi，2006；Beine et al.，2009）。因此，噪声交易者的外汇需求为：

$$N_t = \alpha(s_t - s_{t-1}) \tag{5-2}$$

其中，α 为噪声交易者的交易强度，$\alpha > 0$。也就是说，当外汇的上期走势为升值时，噪声交易者会认为汇率会继续上升，从而买入外汇货币。

两类交易者的比例（Weight，W）可随市场状况调整转换。Brock & Hommes（1997）首先构建了异质预期根据过去的预期策略的利润表现转换策略。Beine et al.（2009）和 De Grauwe & Grimaldi（2006）将 Brock & Hommes（1997）的模型拓展应用到汇率研究当中，基本面交易者和噪声交易者根据上一期投资策略的投资利润动态调整投资策略。本章在借鉴前人思想的基础上，根据现实现象假设基本面交易者的比例随着市场噪声变化而变化。假设市场的噪声大小与外汇市场波动率呈正相关，当市场波动率大时，市场噪声也相应增大，反之亦然。例如，当市场剧烈波动上升和剧烈波动下降时，人们最容易使用技术分析进行跟风的市场操作。也就是说，当市场波动较大时，市场中的噪声亦较大，导致交易者对汇率基本面的估计变得更为困难和迷惑，因而基本面交易者的比例下降，噪声交易者的比例上升。这与现实情况也是一致的。基本面交易者的比例为即时噪声的函数，为：$\exp(-\theta\sigma^2)$，$w^f = \exp(-\theta\sigma^2)$ 使得基本面交易者的比例随着 σ^2 的变化在 0 到 1 之间变化；相应地，噪声交易者的比例为：$w^c = 1 - \exp(-\theta\sigma^2)$。其中，$\sigma^2$ 为即时人民币汇率的波动率，短期内可以视为常数，θ 为基本面交易者比例对人民币汇率波动率的调整强度，$\theta > 0$。因此，外汇投资者对外汇的总需求为：

$$D_t = \exp(-\theta\sigma^2)\bullet\varphi(s^f - s_t) + \left[1 - \exp(-\theta\sigma^2)\right]\bullet\alpha(s_t - s_{t-1}) \qquad (5\text{-}3)$$

其中，当 $D_t > 0$ 时，客户对外汇的供需状况表现为超额的外汇需求；当 $D_t < 0$ 时，客户对外汇的供需状况表现为超额的外汇供给。

央行（Central Bank，C）的目标是保持人民币汇率在合理、均衡水平上的基本稳定。同时，央行基本上退出了常态化的市场干预，大幅减少了外汇干预。由于央行具有各类宏观信息和外汇市场中的人民币交易信息，本章假设央行能准确估计人民币的基本面汇率，并且不受市场波动率的影响。根据央行设定的每日汇率波动幅度（Band，B，b>0），本章假设央行干预的反应函数为：

$$C_t = \phi(s^T - s_t) \tag{5-4}$$

其中，s^T 为 t 时期央行干预的目标汇率（Target，T）。当 $s_t > (1+b)s_t^f$ 时，$s^T = (1+b)s_t^f$；当 $s_t < (1-b)s_t^f$ 时，$\text{s}^T < (1-b)s_t^f$。ϕ 为人民银行的干预强度，$\phi > 0$。也就是说，当央行干预的目标汇率高于人民币即期汇率时，央行会买进外汇（$C_t > 0$），推高汇率水平。反之，央行则卖出外汇（$C_t > 0$），拉低汇率水平。

做市商在收到客户和央行的指令流后，根据整个外汇市场的供需状况调整人民币汇率的市场报价，使得外汇市场出清。借鉴 Chiarella et al.（2002）的研究，本章假设做市商的报价规则为：

$$
\begin{aligned}
s_{t+1} &= s_t + k(D_t + C_t) \\
&= \left\{ 1 + \left[1 - \exp(-\theta\sigma^2)\right] \cdot \alpha k - \exp(-\theta\sigma^2) \cdot \varphi k - \phi k \right\} \cdot s_t - \\
&\quad \left[1 - \exp(-\theta\sigma^2)\right] \alpha k \cdot s_{t-1} + \exp(-\theta\sigma^2)\varphi k \cdot s^f + \phi k \cdot s^T
\end{aligned} \tag{5-5}
$$

其中，k 为做市商对外汇市场的价格调整速度。做市商根据市场的不确定性改变他们的市场报价调整速度。随着市场不确定性的提高，厌恶风险的做市商力图尽快消化不平衡的外汇存货，因而价格调整速度系数变大。也就是说，做市商在接收到外汇交易者和央行干预的指令流后，根据外汇的供需状况和市场交易环境的变化调整价格来实现外汇市场的供需均衡。外汇需求越多，汇率上升越高。

5.3 模型的动态均衡解

将（5-5）式改写为二阶差分方程：

$$s_{t+2} - \left\{ 1 + \left[1 - \exp(-\theta\sigma^2) \right] \cdot \alpha k - \exp(-\theta\sigma^2) \cdot \varphi k - \phi k \right\} \cdot s_{t+1} + \left[1 - \exp(-\theta\sigma^2) \right] \alpha k \cdot s_t = \exp(-\theta\sigma^2)\varphi k \cdot s^f + \phi k \cdot s^T \tag{5-6}$$

为简化计算，令：

$$a = -\left\{ 1 + \left[1 - \exp(-\theta\sigma^2) \right] \cdot \alpha k - \exp(-\theta\sigma^2) \cdot \varphi k - \phi k \right\} \tag{5-7}$$

$$b = \left[1 - \exp(-\theta\sigma^2) \right] \alpha k \tag{5-8}$$

$$c = \exp(-\theta\sigma^2)\varphi k \cdot s^f + \phi k \cdot s^T \tag{5-9}$$

则（5-6）式可写为：

$$s_{t+2} + a \cdot s_{t+1} + b \cdot s_t = c \tag{5-10}$$

对应的齐次差分方程的特征方程为：

$$s_{t+2} + a \cdot s_{t+1} + b \cdot s_t = 0 \tag{5-11}$$

齐次差分方程（5-11）的特征方程为：

$$\lambda^2 + a \cdot \lambda + b = 0 \tag{5-12}$$

令：

$$\Delta = a^2 - 4b$$

$$= \left\{1 + \left[1 - \exp(-\theta\sigma^2)\right] \cdot \alpha k - \exp(-\theta\sigma^2) \cdot \varphi k - \phi k\right\}^2 - 4\left[1 - \exp(-\theta\sigma^2)\right]\alpha k$$

5.3.1 当 $\Delta > 0$ 时

当 $\Delta > 0$ 时，特征方程有两个相异的特征根，$\lambda_{1,2} = \dfrac{-a \pm \sqrt{\Delta}}{2}$，齐次差分方程（5–11）的通解为：

$$\overline{s_t} = A\lambda_1^t + B\lambda_2^t \tag{5-13}$$

由于，

$$1 + a + b = 1 - \left\{1 + \left[1 - \exp(-\theta\sigma^2)\right] \cdot \alpha k - \exp(-\theta\sigma^2) \cdot \varphi k - \phi k\right\} +$$

$$\left[1 - \exp(-\theta\sigma^2)\right]\alpha k = \exp(-\theta\sigma^2) \cdot \varphi k + \phi k > 0$$

差分方程（5–10）的特解为：

$$\begin{aligned} s_t^* &= \frac{c}{1 + a + b} \\ &= \frac{\exp(-\theta\sigma^2)\varphi k \cdot s^f + \phi k \cdot s^T}{\exp(-\theta\sigma^2) \cdot \varphi k + \phi k} \\ &= \frac{\exp(-\theta\sigma^2)\varphi \cdot s^f + \phi \cdot s^T}{\exp(-\theta\sigma^2) \cdot \varphi + \phi} \end{aligned} \tag{5-14}$$

因此，差分方程（5–6）的通解为：

$$\begin{aligned} s_t &= \overline{s_t} + s_t^* \\ &= A\lambda_1^t + B\lambda_2^t + \frac{\exp(-\theta\sigma^2)\varphi \cdot s^f + \phi \cdot s^T}{\exp(-\theta\sigma^2) \cdot \varphi + \phi} \end{aligned} \tag{5-15}$$

其中，A、B 是任意常数，

$$\lambda_{1,2} = \frac{1 + \left[1 - \exp(-\theta\sigma^2)\right] \cdot \alpha k - \exp(-\theta\sigma^2) \cdot \varphi k - \phi k \pm \sqrt{\Delta}}{2},$$

$$\Delta = \left\{1 + \left[1 - \exp(-\theta\sigma^2)\right] \cdot \alpha k - \exp(-\theta\sigma^2) \cdot \varphi k - \phi k\right\}^2 -$$
$$4\left[1 - \exp(-\theta\sigma^2)\right]\alpha k = \left[1 - \exp(-\theta\sigma^2) \cdot \varphi k - \phi k\right]^2 +$$
$$\left[1 - \exp(-\theta\sigma^2)\right]^2 \cdot \alpha^2 k^2 - 2\left[1 + \exp(-\theta\sigma^2) \cdot \varphi k + \phi k\right]$$
$$\left[1 - \exp(-\theta\sigma^2)\right]\alpha k$$

式（5–15）的前两项 $A\lambda_1^t + B\lambda_2^t$ 表示汇率运动轨迹与均衡汇率的偏差，两个不相关的初始条件下确定两系数 A、B，从而决定汇率是正偏离还是负偏离基本面汇率。央行的直接干预 ϕ 影响汇率的瞬间运动轨迹 $\lambda_{1,2} = \frac{1 + \left[1 - \exp(-\theta\sigma^2)\right] \cdot \alpha k - \exp(-\theta\sigma^2) \cdot \varphi k - \phi k \pm \sqrt{\Delta}}{2}$。式（5–15）的最后一项 $\frac{\exp(-\theta\sigma^2)\varphi \cdot s^f + \phi \cdot s^T}{\exp(-\theta\sigma^2) \cdot \varphi + \phi}$ 表示汇率瞬间的均衡汇率。一般情况下，央行不干预 $\phi = 0$，瞬间均衡汇率会变为 s^f。央行干预，即 $\phi \neq 0$ 时，则汇率的瞬间均衡汇率会变为 $\frac{\exp(-\theta\sigma^2)\varphi \cdot s^f + \phi \cdot s^T}{\exp(-\theta\sigma^2) \cdot \varphi + \phi}$。这说明央行的直接干预既能影响瞬间运动轨迹，又能影响汇率的瞬间均衡汇率，但是一旦没有央行的干预，汇率的运动轨迹会继续回归汇率常态的运动轨迹和基本面汇率。

由于 λ_1^t、λ_2^t 为时间 t 的指数函数，假如 $\lambda_{1,2} < 0$，λ_1^t 的部分函数值无实数值，不符合经济现实，由经济现实可推断外汇市场特征会使 $\lambda_{1,2} > 0$。故而，汇率的运动轨迹动态稳定性的充分必要条件为 $\lambda_{1,2} < 1$，即 $\lambda_1 + \lambda_2 < 2$ 且 $\lambda_1 \cdot \lambda_2 < 1$。代入 $\lambda_{1,2}$ 得：

$$\lambda_1 + \lambda_2 = 1 + \left[1 - \exp(-\theta\sigma^2)\right] \cdot \alpha k - \exp(-\theta\sigma^2) \cdot \varphi k - \phi k < 2 \qquad (5-16)$$

$$\lambda_1 \cdot \lambda_2 = 4\left[1 - \exp(-\theta\sigma^2)\right] \alpha k < 1 \qquad (5-17)$$

解得：

$$\left[1 - \exp(-\theta\sigma^2)\right] \cdot \alpha k - \exp(-\theta\sigma^2) \cdot \varphi k - \phi k < 1 \qquad (5-18)$$

$$\left[1 - \exp(-\theta\sigma^2)\right] \alpha k < \frac{1}{4} \qquad (5-19)$$

综合式（5-18）和式（5-19），汇率的运动轨迹动态稳定性的必要条件为 $\left[1 - \exp(-\theta\sigma^2)\right]\alpha k < \frac{1}{4}$。令 $\left[1 - \exp(-\theta\sigma^2)\right]\alpha$ 为噪声交易者的加权交易强度，$\exp(-\theta\sigma^2) \cdot \varphi$ 为基本面交易者的加权交易强度。也就是说，央行干预使得汇率收敛于基本面汇率 s^f 的条件为噪声交易者的加权交易强度 $\left[1 - \exp(-\theta\sigma^2)\right]\alpha$ 和做市商的价格调整速度 k 之积小于 $\frac{1}{4}$。因此，当汇率越来越偏离基本面汇率时，央行应采取干预措施，例如通过外汇市场的直接干预和信息披露等市场引导措施，熨平汇率过度波动 σ^2，使得做市商的价格调整速度 k 和噪声交易者的比例 $\left[1 - \exp(-\theta\sigma^2)\right]$ 下降；通过调整外汇交易规则，提高噪声交易者投机成本，从而降低噪声交易者的交易强度 α，最终使得人民币汇率收敛于基本面汇率。

当汇率的运动轨迹动态稳定时，由 $\lambda_{1,2}$ 可知，汇率运动轨迹由央行的干预强度、基本面交易者、噪声交易者和做市商等市场参与者的行为特征共同决定。央行直接干预 ϕ 越大，汇率收敛于基本面汇率的速度越快，均衡汇率的偏差越快趋于零。同时，央行通过外汇市场的直接干预和信息披露等市场引导，一般具有熨平汇率波动的作用，即降低汇率的过度波动 σ^2，从而降低市场噪声，增大基本面交易者的比例 $\exp(-\theta\sigma^2)$ 和减少噪声交易者比例 $1-\exp(-\theta\sigma^2)$，影响汇率偏差项 $\lambda_{1,2}$ 的运动轨迹和收敛速度。

5.3.2 当 $\Delta = 0$ 时

当 $\Delta = 0$ 时，特征方程有两个相等的特征根，$\lambda = \dfrac{-a}{2}$，齐次差分方程（5-11）的通解为：

$$\overline{s_t} = \left(A + Bt\right)\lambda^t \tag{5-20}$$

同理，差分方程（5-10）的特解为：

$$s_t^* = \frac{\exp(-\theta\sigma^2)\varphi \bullet s^f + \phi \bullet s^T}{\exp(-\theta\sigma^2)\bullet\varphi + \phi} \tag{5-21}$$

因此，差分方程（5-6）的通解为：

$$\begin{aligned} s_t &= \overline{s_t} + s_t^* \\ &= \left(A + Bt\right)\lambda^t + \frac{\exp(-\theta\sigma^2)\varphi \bullet s^f + \phi \bullet s^T}{\exp(-\theta\sigma^2)\bullet\varphi + \phi} \end{aligned} \tag{5-22}$$

其中，A、B 是任意常数，$\lambda = \dfrac{1+\left[1-\exp(-\theta\sigma^2)\right]\bullet\alpha k - \exp(-\theta\sigma^2)\bullet\varphi k - \phi k}{2}$。式（5-22）的第一项 $(A + Bt)\lambda^t$ 表示汇率运动轨迹与均衡汇率的偏差，两个不相关的初始条件下确定两系数 A、B，从而决定汇率是正偏离还是负偏离基本面汇率。式（5-22）的最后一项 $\dfrac{\exp(-\theta\sigma^2)\varphi \bullet s^f + \phi \bullet s^T}{\exp(-\theta\sigma^2)\bullet\varphi + \phi}$ 表示汇率瞬间的均衡汇率。一般情况下，央行不干预 $\phi = 0$，则汇率的瞬间均衡汇率会变为 $\phi \neq 0$。央行干预，即 s^f 时，则瞬间均衡汇率会变为

$\dfrac{\exp(-\theta\sigma^2)\varphi\cdot s^f+\phi\cdot s^T}{\exp(-\theta\sigma^2)\cdot\varphi+\phi}$。这说明央行干预能影响瞬间均衡汇率，但是一旦没有央行的干预，汇率的运动轨迹会继续回归基本面汇率。

由于λ^t为时间t的指数函数，所以汇率的运动轨迹动态稳定性的充分必要条件为$\lambda<1$，即$\dfrac{1+\left[1-\exp(-\theta\sigma^2)\right]\cdot\alpha k-\exp(-\theta\sigma^2)\cdot\varphi k-\phi k}{2}<1$，解得：

$$\left\{\left[1-\exp(-\theta\sigma^2)\right]\cdot\alpha-\exp(-\theta\sigma^2)\cdot\varphi-\phi\right\}k<1 \tag{5-23}$$

也就是说，央行干预使得汇率收敛于基本面汇率s^f的条件为噪声交易者的加权交易强度$\left[1-\exp(-\theta\sigma^2)\right]\cdot\alpha$减去基本面交易者的加权交易强度$\exp(-\theta\sigma^2)\cdot\varphi$和央行干预强度$\phi$之后，与做市商的价格调整速度$k$之积小于1。因此，当汇率越来越偏离基本面汇率时，央行应采取干预措施，例如通过外汇市场的直接干预和信息披露等市场引导等措施，熨平汇率过度波动σ^2，使得做市商的价格调整速度k和噪声交易者的比例$1-\exp(-\theta\sigma^2)$下降；通过调整外汇交易规则，提高噪声交易者投机成本，从而降低噪声交易者的交易强度α，当$\left\{\left[1-\exp(-\theta\sigma^2)\right]\cdot\alpha-\exp(-\theta\sigma^2)\cdot\varphi-\phi\right\}k<1$时，就可以使得汇率最终趋向基本面汇率。

当汇率的运动轨迹动态稳定时，由$\lambda=\dfrac{1+\left[1-\exp(-\theta\sigma^2)\right]\cdot\alpha k-\exp(-\theta\sigma^2)\cdot\varphi k-\phi k}{2}$可知，噪声交易者项$\left[1-\exp(-\theta\sigma^2)\right]\alpha k$越大，汇率收敛于基本面汇率的速度越慢，基本面交易者项$\exp(-\theta\sigma^2)\cdot\varphi k$越大，汇率收敛于基本面汇率的速度越快，均衡汇率的偏差越快趋于零。同理，央行干预项ϕk越大，汇率收敛于基本面汇率的速度越快，均衡汇率的偏差越快趋于零。同时，央行通过外汇市场的直接干预和信息披露等市场引导，一般具有熨平汇率波动的作用，即降低汇率的过度波动σ^2，从而降低市场噪声，增大基本面交易者比例和减少噪声交易者比例，影响汇率偏差项λ的运动轨迹和收敛速度。

5.3.3 当 $\Delta < 0$ 时

当 $\Delta < 0$ 时，特征方程有一对共轭的复数特征根，$\lambda_{1,2} = \dfrac{-a \pm i\sqrt{4b-a^2}}{2}$，齐次差分方程（5-11）的通解为：

$$\overline{s_t} = \omega^t (A\cos\theta t + B\sin\theta t) \qquad (5\text{-}24)$$

同理，差分方程（5-10）的特解为：

$$s_t^* = \frac{\exp(-\theta\sigma^2)\varphi \cdot s^f + \phi \cdot s^T}{\exp(-\theta\sigma^2) \cdot \varphi + \phi} \qquad (5\text{-}25)$$

因此，差分方程（5-6）的通解为：

$$\begin{aligned}
s_t &= \overline{s_t} + s_t^* \\
&= \omega^t (A\cos\theta t + B\sin\theta t) + \frac{\exp(-\theta\sigma^2)\varphi \cdot s^f + \phi \cdot s^T}{\exp(-\theta\sigma^2) \cdot \varphi + \phi}
\end{aligned} \qquad (5\text{-}26)$$

其中，A、B 是任意常数，$\omega = \sqrt{b} = \sqrt{[1-\exp(-\theta\sigma^2)]\alpha k}$，$\tan\theta = -\dfrac{\sqrt{4b-a^2}}{a}$，$a = -\{1+[1-\exp(-\theta\sigma^2)]\cdot\alpha k - \exp(-\theta\sigma^2)\cdot\varphi k - \phi k\}$，$b = [1-\exp(-\theta\sigma^2)]\alpha k$。式（5-26）的前两项 $\omega^t(A\cos\theta t + B\sin\theta t)$ 表示汇率运动轨迹与均衡汇率的偏差，两个不相关的初始条件下确定两系数 A、B，从而决定汇率是正偏离还是负偏离基本面汇率。式（5-26）的最后一项 $\dfrac{\exp(-\theta\sigma^2)\varphi \cdot s^f + \phi \cdot s^T}{\exp(-\theta\sigma^2)\cdot\varphi + \phi}$ 表示瞬间均衡汇率。一般情况下，央行不干预 $\phi = 0$，则瞬间均衡汇率会变为 s^f。央行干预，即 $\phi \neq 0$ 时，则瞬间均衡汇率会变为 $\dfrac{\exp(-\theta\sigma^2)\varphi \cdot s^f + \phi \cdot s^T}{\exp(-\theta\sigma^2)\cdot\varphi + \phi}$。这说明央行干预能影响瞬间均衡汇率，但是一旦没有央行的干预，汇率的运

动轨迹会继续回归基本面汇率。

由于 ω^t 为时间 t 的指数函数，所以汇率的运动轨迹动态稳定性的充分必要条件为 $\omega<1$，即 $\omega=\sqrt{\left[1-\exp(-\theta\sigma^2)\right]\alpha k}<1$，解得：

$$\left[1-\exp(-\theta\sigma^2)\right]\alpha k<1 \tag{5-27}$$

也就是说，央行干预使得汇率收敛于基本面汇率 s^f 的条件为噪声交易者的加权交易强度 $\left[1-\exp(-\theta\sigma^2)\right]\alpha$ 和做市商的价格调整速度 k 之积小于 1。因此，当汇率越来越偏离基本面汇率时，央行应采取干预措施，例如通过外汇市场的直接干预和信息披露等市场引导措施，熨平汇率过度波动 σ^2，降低做市商的价格调整速度 k 和噪声交易者的比例 $1-\exp(-\theta\sigma^2)$；通过调整外汇交易规则，提高噪声交易者投机成本，从而降低噪声交易者的交易强度 α。这样就可以使得汇率最终趋向基本面汇率。

当汇率的运动轨迹动态稳定且无央行干预时，由 $s_t=\omega^t(A\cos\theta t+B\sin\theta t)+s^f$ 可知，此时汇率在指数收敛曲线 ω^t+s^f 附近正弦震荡并最终收敛于基本面汇率。噪声交易者项 $\left[1-\exp(-\theta\sigma^2)\right]\alpha$ 越大，汇率收敛于基本面汇率的速度越慢。央行通过外汇市场的直接干预和信息披露等市场引导，起到熨平汇率波动的作用，即降低汇率的过度波动 σ^2，从而降低市场噪声，降低噪声交易者的比例，进而影响汇率偏差项的运动轨迹和收敛速度。

5.4 本章小结

本章基于噪声交易视角构建了一个央行干预下基本面交易者和噪

声交易者比例动态调整的人民币汇率演化模型，通过对模型动态均衡解的求解，考察央行干预对于市场中基本面交易者和噪声交易者的作用影响和人民币汇率在央行干预下的运动轨迹，得出如下结论：

1. 人民币交易价日波动区间的扩大，有助于增强汇率弹性，客观上增大了汇率的波动率，为噪声交易者的存在创造了空间，增大了汇率的无序波动的风险，这是扩大汇率波幅的成本。但是，人民币交易价日波动区间的扩大，有利于提高汇率波动的灵活性，有利于其寻找自身的基本面汇率，最终实现对国内、国外两种资源的有效配置。而且，从以上模型分析可以看出，只要央行的适度干预和有效引导将人民币汇率的波动率控制在一定范围之内，汇率会最终收敛于其基本面汇率。

2. 短期内，央行干预能影响瞬间均衡汇率，但从长期来看，汇率的运动轨迹会回归基本面汇率。

3. 当外汇市场条件符合 $\Delta > 0$ 时，央行干预使得汇率收敛于基本面汇率的条件为噪声交易者的加权交易强度和做市商的价格调整速度之积小于 $\frac{1}{4}$。

4. 当外汇市场条件符合 $\Delta = 0$ 时，央行干预使得汇率收敛于基本面汇率的条件为噪声交易者的加权交易强度减去基本面交易者的加权交易强度和央行干预强度之后，与做市商的价格调整速度之积小于 1。

5. 当外汇市场条件符合 $\Delta < 0$ 时，央行干预使得汇率收敛于基本面汇率的条件为噪声交易者的加权交易强度和做市商的价格调整速度之积小于 1。

因此，当汇率越来越偏离基本面汇率时，央行应采取干预措施，例如通过外汇市场的直接干预和信息披露等市场引导等措施，熨平汇率的过度波动，使得做市商的价格调整速度和噪声交易者的比例下降；通过调整外汇交易规则，提高噪声交易者投机成本，从而降低噪声交易者的交易强度，最终使得人民币汇率收敛于基本面汇率。

第六章

噪声交易视角下人民币汇率演化的实证研究

前文基于噪声交易视角的人民币汇率演化模型，考察市场中基本面交易者和噪声交易者的动态变化和人民币汇率的运动轨迹，从理论上解析了人民币汇率的运动特征。本章将利用自 2014 年 3 月 18 日扩大交易价浮动幅度以来至 2015 年 3 月 18 日的人民币汇率日数据，基于噪声交易视角，运用马尔可夫机制转换方法实证研究人民币汇率的演化过程，从现实的汇率数据探寻实际的人民币汇率演化规律。

6.1 引言

2005 年 7 月，根据主动性、渐进性、可控性原则，我国政府开始有序推进外汇市场及人民币汇率形成机制市场化改革，旨在建立健全以市场供求为基础、有管理的浮动汇率体制，从而确保人民币汇率在合理、均衡水平上的基本稳定。2012 年 4 月，银行间即期外汇市场人民币兑美元交易价日浮动幅度由 0.5% 扩大至 1%，人民币汇率市场化速度明显加快。2014 年 3 月，银行间即期外汇市场人民币兑美元交易价日浮动幅度又扩大至 2%。至此，市场力量在人民币汇率形成中的作用日益重要，人民币汇率波动幅度明显扩大。人民币汇率市场化改革以来，我国外汇市场交易品种不断增加，人民币汇率双向浮动弹性渐进增大，交易量持续增长，外汇的市场微观结构不断发展与成熟。随着人民币汇率市场化的不断加深，我们不禁要问，在中国特色的外汇市场制度安排下，影响我国人民币汇率的因素有哪些，作用如何？人民币汇率动态决定有何特点和规律？这些问题的研究不仅可以丰富中国外汇市场微观结构理论，也可以为我国外汇市场进一步的市场化改革和人民币汇率的科学管理提供实践参考。

20 世纪 90 年代中期，Lyons（1995）利用 Dealing 2000 — 1 的马克 / 美元汇率实证检验了指令流影响价格的存货机制和信息机制，从而开启了运用市场微观结构理论研究外汇市场的新篇章。就外汇市场微观结构理论而言，研究"汇率制度之谜"的方法主要有两类：噪声交易法和资产交易法。Frankel & Froot（1990）通过调查分析证实了噪声交易者的存在，并且发现由于噪声交易者的存在，汇率在短期内偏离由基本面决定的汇率水平且波动性增加。De Grauwe & Dewachter（1995）提出汇率的噪声交易模型认为，外汇市场上存在基本面交易者和噪声交易者两种类型的代理人。基本面交易者根据宏观经济和政治等基本面因素确定汇率的未来价格，而噪声交易者则根据汇率过去的市场价格和波动趋势来预期汇率的未来走势，两类型的代理人的比例随汇率与基本面汇率的差异程度而调整变化。De Grauwe & Grimaldi（2006）构建了含有交易成本、噪声交易者和基本面交易者两类型代理人比例随两种投资策略的利润而调整变化的噪声交易模型。Bauer et al.（2009）将外汇市场噪声交易模型进一步拓展，将可信的目标区间对投资者的预期的影响引入模型之中。研究发现，汇率区间制使得汇率将较长时间地停留在目标区的中心，显著降低汇率的波动性。与此同时，噪声视角下的汇率动态决定的实证文献亦日益丰富。（Lui & Mole，1998；Elliott & Ito，1999；Vitale，2000；Bauer & Herz，2003；

Manzan & Westerhoff, 2007; De Zwart et al., 2009; de Jong et al., 2010）Dick & Menkhoff（2013）通过 400 个德国专家对美元/欧元预测的面板数据进行实证研究发现，基本面交易者和噪声交易者具有不同的预期规则，噪声交易者更频繁地改变预测方向，从而导致了汇率的不稳定。Goldbaum et al.（2014）构建了一个递归估计和机制转换的噪声交易模型，利用外汇市场的调查数据实证研究发现，噪声交易模型解释了外汇市场的大部分预期。然而，国外文献尚无基于噪声交易法对人民币汇率决定的微观结构模型的研究。

自从陈浪南等（2008）运用市场微观结构对人民币汇率进行研究以后，人民币汇率形成机制的市场微观结构研究日渐丰富。杨荣和徐涛（2009）从外汇市场微观结构角度出发来解析中国外汇市场微观结构特征和转变过程。研究认为，2006 年人民币外汇市场引入了做市商制度，使得人民币汇率的定价初具市场特征，但是人民币外汇市场以银行间市场为主，交易量较小，客户结构单一的市场特征限制了汇率基本面信息的传递。李晓峰等人（2011）采用国际知名金融机构的调查数据发现汇率预期具有异质性，70% 以上的金融机构基于汇率过去的走势进行预测，而 25% 左右的金融机构基于宏观基本面预测。然而，目前我国在噪声交易视角下人民币外汇市场微观结构模型与实证的研究依然少见。李晓峰等（2009，2011）利用月度数据或模拟技术基于人民币异质预期的噪声交易模型对人民币汇率动态变化进行研究。李小平和吴冲锋（2012）构建了一个包含理性交易者和噪声交易者在内的远期汇率决定模型，分析了均衡状态下的远期汇率波动曲线特征。惠晓峰等（2012）构建了由供求关系主导的孤立的外汇市场的人民币异质预期的噪声交易模型，并对该模型进行了仿真。李晓峰和陈华（2012）从行为金融的视角出发，构建了包含央行干预、宏观经济基本面及微观个体异质性行为等决定因素的人民币汇率决定理论模型，利用 Unscented 卡尔曼滤波方法，实证研究了汇改后人民币外汇市场上交易者的异质性行为特征及其对汇率变动的影响发现：汇改后人民币外汇市场存在着显著的异质性交易者，并且噪声交易者对风险的厌恶程度明显高于基本面分析者。不同时期，外汇交易者主导的交易策略不同。这些模型和实证均从不同侧面研究了人民币汇率的动态决定，但是都忽略了我国人民币中间价和外汇市场交易价浮动幅度等外汇制度的重要特征。另外，实证数据只是月度数据，数据频率低。

本章根据我国中间价和外汇市场交易价浮动幅度等外汇市场特征构建噪声交易模型，并运用马尔可夫机制转换方法对其进行估计，同时利用自 2014 年 3 月 18 日扩大交易价浮动幅度以来至 2015 年 3 月 18 日的一年的日数据，实证研究人民币汇率的演化过程。

6.2 实证模型与估计

6.2.1 实证模型

通常情况下，市场中存在基本面交易者（fundamental，简称 f）和噪声交易者 [noise 亦称为技术交易者，简称 n] 两种类型的交易者（i=f，n）。基本面交易者通过利率等基本面的变化和比较即期汇率和中间价来判断外汇变化和做出交易决策。与此相反，噪声交易者不是根据汇率的基本面信息，而是根据外汇市场的过去的汇率回报和走势来判断汇率的变化和做出交易决策（Grauwe & Grimaldi，2006；Beine et al.，2009）。同时，外汇市场上，外汇投资交易者间会对比两种投资策略的投资收益，相互学习动态调整投资策略（Brock & Hommes，1997）。也就是说，当基本面交易者占主流时，汇率动态决定处于基本面交易机制中；当噪声交易者占主流时，汇率动态决定处于噪声交易机制中。因此，汇率在基本面交易机制和噪声交易机制的机制转换中变化。

本章借鉴了 De Jong et al.（2010）的噪声交易模型：

基本面交易机制时，$E_t^f\left(\dfrac{S_{t+1}-S_{t-1}}{S_{t-1}}\right)=\left(\dfrac{S_{t-1}-S_{t-1}^*}{S_{t-1}^*}\right)\left(\varphi_1+\varphi_2\dfrac{\left|S_{t-1}-S_{t-1}^*\right|}{bS_{t-1}^*}\right)$ （6-1）

噪声交易机制时，$E_t^n\left(\dfrac{S_{t+1}-S_{t-1}}{S_{t-1}}\right)=\left(\dfrac{S_{t-1}-S_{t-2}}{S_{t-2}}\right)\left(\alpha_1+\lambda_1\dfrac{\left|S_{t-1}-S_{t-1}^*\right|}{bS_{t-1}^*}\right)$ （6-2）

其中，S_t 为 t 时期的人民币即期汇率，S_t^* 为 t 时期的人民币中间价，b 为交易价浮动幅度（band），φ_1、φ_2、α_1、λ_1 为系数。对数化上述模型，s_t 为 t 时期人民币即期汇率的对数，即 $s_t = \log(S_t) \times 100$；同理，$s_t^*$ 为外汇中间价（Central Parity Rate）S_t^* 的对数。

利率平价理论通过套利分析阐释了利率是汇率变动的关键因素。Frankel（1979）通过构建模型发现，汇率与名义利率差呈负相关。Mole（1998）对香港外汇交易者使用基本面分析和技术分析调查发现，利率相关的新闻是对预测汇率的相对重要的基本面因素。Nakagawa（2002）通过阈值非线性模型实证研究证实了汇率与利率差间的非线性关系。Chen（2006）通过时变转换概率的马尔可夫机制转换模型对 6 个发展中国家的汇率与利率关系进行实证研究。Dick et al.（2015）

使用欧洲经济研究中心收集的金融投资者的美元 / 欧元汇率预测的大面板数据进行实证研究，发现好的汇率预测与正确的基本面理解有关，特别是好的利率预测。众多实证研究亦认为利率是汇率重要的基本面因素 [Hoffmann & MacDonald（2009）、MacDonald & Nagayasu（2000）、赵志君和陈增敬（2009）和陆前进等（2013）]。因而，将中美利率差 $(r_t^* - r_t)$ 引入人民币汇率动态模型的基本面交易机制之中，其中 r_t 和 r_t^* 分别为国内和国外的利率。

基本面交易机制下 $(R_t = f)$，交易者通过利率等基本面的变化，比较即期汇率和中间价，当实际汇率越接近中间价时，基本面交易者对中间价回归的预期越强。同时，基于对货币当局目标区间制度的一定程度的信任，基本面交易者亦根据外汇的即期汇率与中间价之差和其在汇率区间的位置确定汇率的未来价格。根据中国的人民币中间价和外汇市场交易价浮动幅度制度安排，我国目前外汇市场允许的交易价浮动幅度（band）的比例为 2%，即 $b=0.02$，也就是即期汇率 S_t 满足 $(1-b)S_t^* \leq S_t \leq (1+b)S_t^*$ 取对数乘以 100 后得：$s_t^* + (-0.868) \leq s_t \leq s_t^* + 0.868$。$[log(0.98) \approx -0.00877，log(1.02) \approx 0.00860，\frac{log(1.02) - log(0.98)}{2} = 0.00868]$。

故而，外汇的即期汇率与中间价之差和其在汇率区间的位置可表示为 $\frac{|s_{t-1} - s_{t-1}^*|}{0.868}$。因此，基本面交易机制下的人民币汇率动态决定可表示为：

$$E_{t-1}^f (s_t - s_{t-1}) = \varphi_0 + (s_{t-1} - s_{t-1}^*)\left(\varphi_1 + \varphi_2 \frac{|s_{t-1} - s_{t-1}^*|}{0.868}\right) + \varphi_3 (r_{t-1} - r_{t-1}^*) \qquad (6-3)$$

即，

$$\Delta s_t^f = E_{t-1}^f \left(s_t - s_{t-1} \right) + \varepsilon_{f,t}$$

$$= \varphi_0 + \left(s_{t-1} - s_{t-1}^* \right) \left(\varphi_1 + \varphi_2 \frac{\left| s_{t-1} - s_{t-1}^* \right|}{0.868} \right) + \varphi_3 \left(r_{t-1} - r_{t-1}^* \right) + \varepsilon_{f,t} \qquad (6\text{-}4)$$

且 $\varepsilon_{f,t} = \sigma_f \varepsilon_t, \varepsilon_t \sim \mathrm{i.i.d.}\,N(0,1)$

其中，φ_1 为即期汇率与中间价汇率错位的边际影响；φ_2 为即期汇率与中间价汇率的错位处于目标区间的位置对即期汇率间接的边际影响。当 $s_{t+1} = s_{t-1}^*$ 时，其边际影响为零，当 s_{t+1} 处于浮动边界时，$\left| s_t - s_t^* \right|$ 最大，因此，该系数可看作边界效应的边际影响；φ_3 为利率差对即期汇率的边际影响。

噪声交易机制下（$R_t = \mathrm{n}$），噪声交易者则主要根据汇率过去的投资回报，比照即期汇率在 Krugman（1991）的 S 曲线来预期汇率的未来走势，但是当实际汇率接近汇率浮动边界，中间价制度可信时，则有较强的中间价回归预期，即：

$$E_t^n \left(s_t - s_{t-1} \right) = \alpha_0 + \sum_{i=1}^{g} \alpha_i \left(s_{t-i} - s_{t-i-1} \right) + \lambda_1 \frac{\left| s_{t-1} - s_{t-1}^* \right|}{0.868} \left(s_{t-1} - s_{t-2} \right) \qquad (6\text{-}5)$$

$$\Delta s_t^c = E_t^c \left(s_t - s_{t-1} \right) + \varepsilon_{f,t}$$

$$= \alpha_0 + \sum_{i=1}^{g} \alpha_i \left(s_{t-i} - s_{t-i-1} \right) + \lambda_1 \frac{\left| s_{t-1} - s_{t-1}^* \right|}{0.868} \left(s_{t-1} - s_{t-2} \right) + \varepsilon_{c,t} \qquad (6\text{-}6)$$

且 $\varepsilon_{c,t} = \sigma_c \varepsilon_t, \varepsilon_t \sim \mathrm{i.i.d.}\,N(0,1)$

其中，α_i 为基于前期的回报率的边际影响；λ_1 为即期汇率与中间价汇率的错位处于目标区间的位置对即期汇率间接的边际影响。

6.2.2 模型估计

相对于阈值（Threshold） 模型、平滑转移自回归模型（Smooth Transition Autoregressive Model） 等结构变化模型， 马尔可夫机制转换模型可以通过不可观察的内生变化的马尔可夫链状态变量来捕捉数据中的结构变点， 描述反映不同机制间的转换， 克服了主观划分机制区间的弱点。根据马尔可夫机制转换模型的优点和人民币汇率动态的机制转换特征，本章将人民币汇率动态过程划分为两个机制状态 R_t（Regime Switching）： 基本面交易机制和噪声交易机制（ $R_t = f,c$ ）， R_t 为具有状态空间一阶马尔可夫性质的不可观察的转移状态变量。两状态之间转移的概率转移矩阵 p 为：

$$p = \begin{pmatrix} p_{ff} & p_{cf} \\ p_{fc} & p_{cc} \end{pmatrix} = \begin{pmatrix} p_{ff} & 1-p_{cc} \\ 1-p_{ff} & p_{cc} \end{pmatrix} \tag{6-7}$$

我们使用 matlab 2011 软件， 运用最大似然估计法进行参数估计。 $t=0$ 时的初始概率设为 $R_t = f$ 和 $R_t = n$ 两种机制下的无条件概率（Hamilton， 1994）：

$$\mathrm{Prob}[R_0 = f | \Omega_0] = \frac{p_{cf}}{p_{cf} + p_{fc}} = \frac{1-p_{cc}}{2-p_{ff}-p_{cc}} \tag{6-8}$$

$$\mathrm{Prob}[R_0 = n | \Omega_0] = \frac{p_{fc}}{p_{cf} + p_{fc}} = \frac{1-p_{ff}}{2-p_{ff}-p_{cc}} \tag{6-9}$$

在正态假设下， Δs_t 在基本面交易机制和噪声交易机制下的条件密度函数可分别表示为：

$$f(\Delta s_t | R_t = f, \Omega_{t-1}) = \frac{1}{\sqrt{2\pi}\sigma_f} \exp\left\{\frac{-\left[\Delta s_t - E_t^f\left(s_t - s_{t-1}\right)\right]^2}{2\sigma_f^2}\right\} \qquad (6\text{--}10)$$

$$f(\Delta s_t | R_t = n, \Omega_{t-1}) = \frac{1}{\sqrt{2\pi}\sigma_c} \exp\left\{\frac{-\left[\Delta s_t - E_t^c\left(s_t - s_{t-1}\right)\right]^2}{2\sigma_c^2}\right\} \qquad (6\text{--}11)$$

由马尔可夫机制转换可得预测概率：

$$\mathrm{Prob}[R_t = j | \Omega_{t-1}] = p_{fj}\,\mathrm{Prob}[R_{t-1} = f | \Omega_{t-1}] + p_{cj}\,\mathrm{Prob}[R_{t-1} = c | \Omega_{t-1}] \qquad (6\text{--}12)$$

预测密度函数 $f(\Delta s_t | \Omega_{t-1})$ 为：

$$f(\Delta s_t | \Omega_{t-1}) = \sum_{i=c,f} \mathrm{Prob}[R_t = i | \Omega_{t-1}] f(\Delta s_t | R_t = i, \Omega_{t-1}) \qquad (6\text{--}13)$$

由贝叶斯定理，代入（6–10）（6–11）（6–12）（6–13）式，我们可以由 $\mathrm{Prob}[R_{t-1} = i | \Omega_{t-1}]$ 得过滤概率：

$$\mathrm{Prob}[R_t = i | \Omega_t] = \frac{\mathrm{Prob}[R_t = j | \Omega_{t-1}] f(\Delta s_t | R_t = i, \Omega_{t-1})}{f(\Delta s_t | \Omega_{t-1})} \qquad (6\text{--}14)$$

总的来说，就是由 $\mathrm{Prob}[R_0 = i | \Omega_0]$ 初始开始运算，依次经过（6–12）、（6–10）及（6–11）、（6–13）和（6–14）重复迭代获得 $f(\Delta s_t | \Omega_{t-1})$，从而获得对数似然函数 $\mathrm{L}(\theta) = \sum_{t=1}^{T} f(\Delta s_t | \Omega_{t-1}; \theta)$，$T$ 为时间序列样本量，通过最大化对数似然函数求得参数 θ 的估计值，从而得到人民币在基本面

交易机制和噪声交易机制的汇率决定方程。

同时，本章采用 Kim（1994）算法，利用全样本信息计算平滑转换概率 $\mathrm{Prob}[R_t = i|\Omega_T; \theta]$，用以考察人民币外汇机制的概率变化，从而更深入细致地研究分析人民币汇率动态。平滑转换概率表示为：

$$\mathrm{Prob}[R_t = i|\Omega_T] = \mathrm{Prob}[R_t = i, R_{t+1} = f|\Omega_T] + \mathrm{Prob}[R_t = i, R_{t+1} = c|\Omega_T]$$
$$= \mathrm{Prob}[R_{t+1} = f|\Omega_T]\mathrm{Prob}[R_t = i|R_{t+1} = f, \Omega_T] + \mathrm{Prob}[R_{t+1} = c|\Omega_T]\mathrm{Prob}[R_t = i|R_{t+1} = c, \Omega_T]$$
$$\approx \mathrm{Prob}[R_{t+1} = f|\Omega_T]\mathrm{Prob}[R_t = i|R_{t+1} = f, \Omega_t] + \mathrm{Prob}[R_{t+1} = c|\Omega_T]\mathrm{Prob}[R_t = i|R_{t+1} = c, \Omega_t]$$
$$= \frac{\mathrm{Prob}[R_{t+1} = f|\Omega_T]\mathrm{Prob}[R_t = i, R_{t+1} = f|\Omega_t]}{\mathrm{Prob}[R_{t+1} = f|\Omega_t]} + \frac{\mathrm{Prob}[R_{t+1} = c|\Omega_T]\mathrm{Prob}[R_t = i, R_{t+1} = c|\Omega_t]}{\mathrm{Prob}[R_{t+1} = c|\Omega_t]}$$
$$= \frac{\mathrm{Prob}[R_{t+1} = f|\Omega_T]\mathrm{Prob}[R_t = i|\Omega_t]p_{if}}{\mathrm{Prob}[R_{t+1} = f|\Omega_t]} + \frac{\mathrm{Prob}[R_{t+1} = c|\Omega_T]\mathrm{Prob}[R_t = i|\Omega_t]p_{ic}}{\mathrm{Prob}[R_{t+1} = c|\Omega_t]}$$
$$= \mathrm{Prob}[R_t = i|\Omega_t] * \left(\frac{\mathrm{Prob}[R_{t+1} = f|\Omega_T]p_{if}}{\mathrm{Prob}[R_{t+1} = f|\Omega_t]} + \frac{\mathrm{Prob}[R_{t+1} = c|\Omega_T]p_{ic}}{\mathrm{Prob}[R_{t+1} = c|\Omega_t]} \right)$$

将此前（6-13）式求得的预测概率和（6-14）求得的过滤概率代入，从最后一项概率 $\mathrm{Prob}[R_T = i|\Omega_T]$ 向前反复迭代计算，可得所有平滑转换概率 $\mathrm{Prob}[R_t = i|\Omega_T]$。

6.3 实证结果和分析

6.3.1 数据与处理

本章使用的实证数据包括每日的人民币即期汇率及中间价和中国与美国每日的隔夜利率差。考虑到银行间即期外汇市场人民币兑美元交易价浮动幅度自 2014 年 3 月 17 日起扩大至 2%（即 $b = 0.02$），故而本章选取的样本区间为 2014 年 3 月 18 日至 2015 年 3 月 18 日的一年

262 个样本数据。数据来源于 WM/Reuters 的 DataStream。

人民币中间价和利率差是人民币汇率基本面的重要依据。由图 6-1 可知，人民币兑美元的即期汇率时而与中间价较好地重合，即外汇市场时而处于基本面交易机制；时而与中间价偏离较大，即外汇市场时而处于噪声交易机制。由图 6-2 可知，人民币兑美元的即期汇率时而与中美两国的利率差的走势基本一致，即外汇市场时而处于基本面交易机制；时而与中美两国的利率差的走势偏离较大，即外汇市场时而处于噪声交易机制。

图 6-1　中国每日的人民币兑美元即期汇率和中间价（单位：人民币 / 美元）

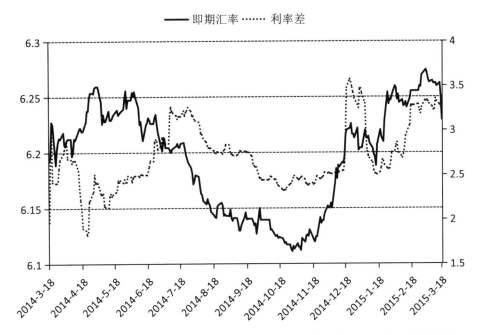

图 6-2 中国每日的人民币兑美元即期汇率（单位：人民币／美元）和利率差（单位：%）

假设 s_t 为 t 时期人民币即期汇率的对数，即 $s_t = \log(S_t) \times 100$，$S_t$ 为 t 时期的人民币即期汇率，s_t^* 为外汇中间价的对数；r_t 和 r_t^* 分别为国内和国外的利率。本研究使用 Phillips-Perron 检验对（6-4）、（6-6）式中的数据进行平稳性检验，得出 $\left(s_{t-1} - s_{t-1}^*\right)$ 存在单位根，对其一阶差分后平稳。所以，实证模型使用 $\Delta\left(s_{t-1} - s_{t-1}^*\right)$，即人民币汇率离中间价区间位置的增量，作为解释变量进行回归分析。数据平稳性检验结果如表 6-1 所示。

表 6-1 数据平稳性的 Phillips-Perron 检验

统计量 变量	Adj. t-Stat	P 值
$\left(s_t - s_{t-1}\right)$	−16.24077	0.0000
$\Delta\left(s_{t-1} - s_{t-1}^*\right)$	−17.85944	0.0000

（续上表）

统计量 变量	Adj. t-Stat	P 值
$\Delta\left(s_{t-1}-s_{t-1}^{*}\right)\dfrac{\left|s_{t-1}-s_{t-1}^{*}\right|}{0.868}$	−17.67714	0.0000
$\dfrac{\left|s_{t-1}-s_{t-1}^{*}\right|}{0.868}\left(s_{t-1}-s_{t-2}\right)$	−15.29342	0.0000
$\left(r_{t-1}-r_{t-1}^{*}\right)$	−2.731224	0.0701

由表 6-1 的数据平稳性的 Phillips-Perron 检验可知，实证模型中的所有变量均在 10% 的显著水平下显著，拒绝存在单位根的零假设，所有解释变量和被解释变量均平稳。由表 6-2 的实证模型中数据变量的描述性统计可知，即期汇率的变化率 (s_t-s_{t-1}) 的均值为 0.002307，即汇率平均贬值率为 0.0023%，说明样本区间内汇率基本稳定。最大值为 0.499035，最小值为 −0.583224，说明贬值时速度慢一些，而升值时速度快一些。中美利率差 $(r_{t-1}-r_{t-1}^{*})$ 的平均值为 2.707602，说明样本区间内中美利率差普遍居于高位。中美利率差的最大值为 3.572000，最小值为 1.826200，说明利率差变化范围较广。

表6-2 实证模型数据变量的描述性统计

统计量 变量	Mean	STD	Max	Min
$\left(s_{t}-s_{t-1}\right)$	0.002307	0.119825	0.499035	−0.583224
$\Delta\left(s_{t-1}-s_{t-1}^{*}\right)$	0.767172	0.796121	1.971310	−0.720530
$\Delta\left(s_{t-1}-s_{t-1}^{*}\right)\dfrac{\left|s_{t-1}-s_{t-1}^{*}\right|}{0.868}$	1.336423	1.429011	4.477033	−0.598115
$\dfrac{\left|s_{t-1}-s_{t-1}^{*}\right|}{0.868}\left(s_{t-1}-s_{t-2}\right)$	0.011802	0.160982	0.876222	−0.475039
$\left(r_{t-1}-r_{t-1}^{*}\right)$	2.707602	0.353960	3.572000	1.826200

6.3.2 汇率动态决定

实证模型在多次对比估计参数的 P 值和 BIC 值，确定最终的实证模型。其中，模型中基本面机制的 φ_1、φ_2 的 P 值不显著，也就是说基本面机制时，即期汇率与中间价汇率的错位效应的增量和即期汇率与中间价汇率的边界效应对人民币汇率动态的影响不显著；噪声交易机制中的常数项 α_0 的 P 值不显著，滞后项阶数为 2。最终模型及参数估计值如表 6-3、表 6-4、表 6-5 所示。

基本面交易机制：

$$\Delta s_t^f = \varphi_0 + \varphi_3 \left(r_{t-1} - r_{t-1}^*\right) + \varepsilon_{f,t} \tag{6-15}$$

噪声交易机制：

$$\Delta s_t^c = \alpha_1 \left(s_{t-1} - s_{t-2}\right) + \alpha_2 \left(s_{t-2} - s_{t-3}\right) + \lambda_1 \frac{\left|s_{t-1} - s_{t-1}^*\right|}{0.868} \left(s_{t-1} - s_{t-2}\right) + \varepsilon_{c,t} \tag{6-16}$$

由表 6-3、表 6-4、表 6-5 中的 P 值可知，MS-AR（2）模型的所有变量均在 10% 的显著水平下显著。

如表 6-3 所示，转换概率 p_{ff}=0.8579 说明基本面交易机制下一日维持基本面交易机制的概率较高，而由基本面交易机制转变为噪声交易机制的概率较小，仅为 p_{fc}=0.1421。基本面交易机制的平均持续期为 $1/(1-p_{ff})$=7.04 天；转换概率 p_{cc}=0.6156 说明噪声交易机制后一天维持噪声交易机制的概率比 0.5 高不了太多，而由噪声交易机制转变为基本面交易机制的概率（p_{cf}=0.3844）则比较高。噪声交易机制平均持续 $1/(1-p_{cc})$=2.60 天。综合来看，两机制均有一定的持续性，基本面交易机制的持续性远超噪声交易机制。此外，如表 6-3 所示，两机制的

方差 σ_f^2=0.004796 和 σ_c^2=0.032576 说明，噪声交易机制具有剧烈的波动性，其波动性约 7 倍于基本面交易机制。

表6-3 MS-AR（2）模型的转换概率及方差

转换概率及方差	p_{ff}	p_{cc}	σ_f^2	σ_c^2
参数值	0.8579	0.6156	0.004796	0.032576
P 值	0.00	1.98e–06	1.41e–08	9.59e–06

如表 6-4 所示，基本面交易机制时，人民币汇率主要受中美的隔夜利率差（$r_{t-1}-r_{t-1}^*$）的基本面因素影响。截距项 φ_0=0.08600 说明人民币汇率在中美利率差为零的情况下，平均每天的贬值率约为 0.08600%。中美利率差（$r_{t-1}-r_{t-1}^*$）对人民币汇率边际影响为 φ_3=−0.03242，也就是，当中美利率差上升 1% 时，人民币平均升值 0.03242%，说明人民币汇率已具有一定弹性。假设汇率变化为零，即 $0.086-0.03242(r_{t-1}-r_{t-1}^*)=0$，通过计算可得（$r_{t-1}-r_{t-1}^* \approx 2.65$）。为了便于观察基本面交易机制下中美利率差对人民币汇率动态的影响，本章做出（$r_{t-1}-r_{t-1}^*-2.65$）的变化图（图 6-3）。当（$r_{t-1}-r_{t-1}^*-2.65 >0$）时，人民币汇率升值，相应的升值时间如图中的阴影区间所示。从图 6-3 可以看出，人民币汇率在基本面时总体稳定，升值的时间相对贬值的时间略长。

表6-4 MS-AR（2）模型中基本面交易机制参数的估计结果

参数	φ_0	φ_3
参数值	0.08600	−0.03242
P 值	0.06470	0.05467

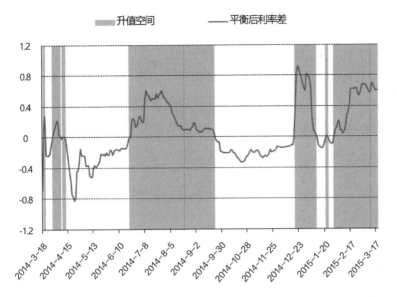

图 6-3　基本面交易机制下中美利率差对人民币汇率动态的影响（单位:%）

表 6-5　MS-AR（2）模型中噪声交易机制参数的估计结果

参数	α_1	α_2	λ_1
参数值	-0.62595	-0.39041	0.50027
P 值	0.06052	0.04799	0.06135

　　如表 6-5 所示，噪声交易机制下，汇率变化值的滞后一期的系数 $\alpha_1 = -0.62595$，当上一期汇率升值 1% 时，当期人民币汇率会贬值 0.62595%。同理，滞后二期的系数 $\alpha_2 = -0.39041$ 说明当滞后二期汇率升值 1% 时，当期人民币汇率会贬值 0.39041%。一般而言，噪声交易机制下，汇率变化值的滞后项系数一般为负数，反映市场"追高杀跌"的跟风特征，如 Eelke de Jong et al.（2010）。然而，在人民币外汇市场，滞后项系数却为负数。这说明人民币汇率在噪声交易机制时具有较强的负反馈的自我稳定特征，不排除是央行在外汇市场的干预行为所致。即期汇率与中间价汇率的边界效应的系数 $\lambda_1 = 0.50027$，代

入求得边界效应项为 $0.5763 \times |s_{t-1} - s_{t-1}^*|(s_{t-1} - s_{t-2})$。这说明，当滞后一期人民币汇率越趋向外汇交易的浮动幅度边界时，人民币汇率的边界效应表现出越强的正反馈特征。假设滞后一期的边际影响为零，即 $0.5763 \times |s_{t-1} - s_{t-1}^*| = 0.62595$，通过计算可得 $|s_{t-1} - s_{t-1}^*| \approx 1.09$。综合来说，人民币汇率在离中间价 1.09% 的区间内，噪声交易机制具有综合的负反馈作用。这恰恰表现了我国保持人民币汇率在合理、均衡水平上的基本稳定的外汇管理目标；但在突破 1.09% 的区间后，人民币汇率具有综合的正反馈作用，市场出现传统的"追高杀跌"的跟风行为。为了便于观察滞后一期汇率变化对人民币汇率动态综合的边际影响（包括滞后一期的边际效用和边界效应），本章做出 $(|s_{t-1} - s_{t-1}^*| - 1.09)$ 的变化图（图 6-4）。当 $(|s_{t-1} - s_{t-1}^*| - 1.09) > 0$ 时，人民币汇率具有综合的正反馈作用，相应的时间区间如图中阴影区间所示。从图 6-4 可以看出，人民币汇率在 2014 年 3 月下旬，4 月下旬至 6 月底和 2014 年 12 月下旬至 2015 年 3 月中旬，噪声交易机制均有较强的综合的正反馈效应。

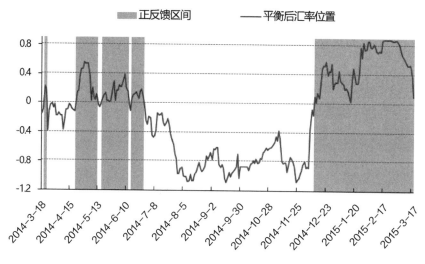

图 6-4　噪声交易机制下滞后一期汇率变化对人民币汇率动态综合的影响（单位：%）

6.3.3 机制的划分与转换

通过平滑转换概率图可以更为直观地考察两机制的持续性以及每个时刻人民币汇率处于两机制的概率。一般认为，当平滑转换概率 $\mathrm{Prob}[R_t=i|\Omega_t]>0.5$ 时，人民币汇率处于相应的 i 机制中，相应机制的时间区间如图中阴影区间所示。图6-5和图6-6分别描述了我国汇率基本面交易机制和噪声交易机制两机制下的平滑转换概率，概率值越大，人民币汇率处于相应机制的可能性也就越大。

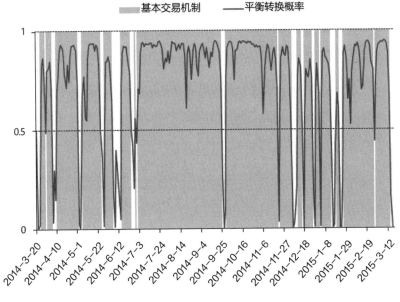

图6-5　基本面交易机制下的平滑转换概率（单位：%）

当平滑转换概率 $\mathrm{Prob}[R_t=f|\Omega_t]>0.5$ 时，人民币汇率处于基本面交易机制中。从图6-5可以看出，研究样本区间内，人民币汇率基本处于基本面交易机制之中。由此图也可以看出，基本面交易机制具有较强的持续性。

101

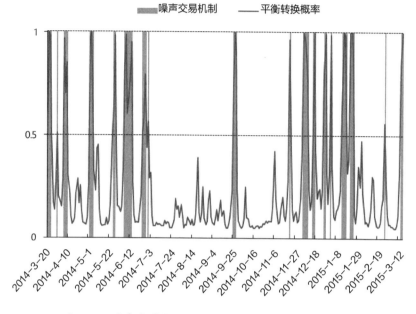

图 6-6　噪声交易机制下的平滑转换概率（单位：%）

当平滑转换概率 $\text{Prob}[R_t = c \mid \Omega_t] > 0.5$ 时，人民币汇率处于噪声交易机制中。从图 6-6 可以看出，人民币汇率噪声交易机制主要集中在 2014 年 3 月下旬至 7 月初、9 月下旬和 2014 年 12 月初至 2015 年 1 月底。

6.4 本章小结

本章根据我国中间价和外汇市场交易价浮动幅度等外汇市场特征构建噪声交易模型，运用马尔可夫机制转换模型对其进行估计，进而实证研究了人民币汇率自 2014 年 3 月 18 日扩大交易价浮动幅度以来至 2015 年 3 月 18 日的一年的人民币汇率的演化过程。

估计结果显著支持我国人民币汇率基本面交易机制和噪声交易机制两机制转换的 MS-AR（2）模型。实证研究发现，两机制均表现出一定的持续性，特别是基本面交易机制的持续性尤为突出，持续时间约为7.04天，约3倍于噪声交易机制。噪声交易机制具有剧烈的波动性，其波动性约4倍于基本面机制。此外，平滑转换概率较准确地展示了汇率在各时点所处不同机制的概率，划分了人民币汇率不同机制下的时间范围，较好地刻画人民币汇率的演化特征和转换规律。

最后，本研究也发现两机制下人民币汇率的影响因素和作用机制。人民币汇率处于基本面交易机制时，人民币汇率主要受中美的隔夜利率差（$r_{t-1} - r_{t-1}^*$）的基本面因素影响，人民币汇率已具有一定弹性。当人民币汇率处于噪声交易机制时，人民币汇率主要受汇率的过去趋势和即期汇率与中间价汇率的边界效应的噪声因素影响。滞后项系数为负数，说明人民币汇率在噪声交易机制下具有较强的负反馈的自我稳定特征。当上一期人民币汇率越趋向外汇交易的浮动幅度的边界时，人民币汇率表现出越强的正反馈特征。综合来说，人民币汇率在离中间价1.09%的区间内，噪声交易机制具有综合的负反馈作用。这恰恰表现了我国保持人民币汇率在合理、均衡水平上的基本稳定的外汇管理目标；而在突破1.09%的区间后，人民币汇率具有综合的正反馈作用，市场出现传统的"追高杀跌"的跟风行为。

通过以上分析可以看出，人民币汇率大多处于基本面交易机制，因此，我国应该注重利率和汇率的联动关系，从货币政策的角度来管理汇率。又由于在噪声交易机制下我国汇率主要受过去汇率的影响，因此应关注过去一段汇率的变动情况来预测将来人民币汇率。最后，要注意及时控制住人民币汇率对比中间价的偏离幅度，从而保证人民币汇率在合理、均衡水平上的基本稳定。因为在噪声交易机制时，人民币汇率对中间价的偏离幅度在突破一定区间后会加剧汇率波动。

第七章
人民币外汇市场央行干预效果的实证研究

前文构建了一个央行干预下的人民币汇率演化模型，考察央行干预对于市场中基本面交易者和噪声交易者的作用效果和人民币汇率在央行干预下的运动轨迹，从理论上解析了央行干预的干预效果。本章首先运用时变参数的向量自回归模型实证研究人民币外汇市场央行干预的短期效果；然后在噪声交易视角框架下，使用时变转换概率模型实证研究人民币外汇市场央行干预的长期效果。从现实的汇率数据探寻实际的人民币外汇市场央行干预的效力。

7.1 引言

1971 年布雷顿森林货币体系解体后，主要的西方发达国家实行浮动汇率制，大多数发展中国家则实行有管理的浮动汇率制度。然而，浮动汇率的科学管理离不开中央银行的外汇干预。1994 年，中国建立全国统一的银行间外汇市场，为建立健全以市场供求为基础、有管理的浮动汇率制奠定坚实基础。随着人民币汇率形成机制市场化改革的不断深化，我国外汇市场交易品种不断增加，市场参与主体的日益丰富，人民币汇率双向浮动弹性渐进扩大，银行间外汇市场在人民币汇率形成机制中的市场配置作用日益突出，也对央行的汇率管理水平提出更高的要求。2015 年人民币汇率累计跌幅 4.5%，创下 1994 年汇改以来最大的一次贬值。在人民币贬值预期和庞大资本外流下，央行果断干预外汇市场。央行干预引起了社会各界热切关注和广泛思考。基于噪声交易视角的外汇市场微观结构研究央行干预的作用效果是十分必要和迫切的。

央行干预可分为冲销干预和非冲销干预，主要区别是央行在外汇干预时是否改变本国货币供给。一般而言，央行都使用冲销干预，因而冲销干预也成为主要的学术研究对象。大多数经济学家认为非冲销干预能有效影响汇率，但是对于冲销干预的干预效果，无论在理论上还是实证上则没那么显而易见（Blanchard et al., 2015）。一些学者认为，在资本的自由流动和完全替代的情况下，冲销干预不影响汇率（Backus and Kehoe，1989）。一些学者则认为，由于市场存在市场摩擦，国内外两种资产对于市场主体是有区别的，因此外汇干预是有效的（Weber，1986；Kumhof & van Nieuwerburgh，2007；Kumhof，2010；Jeanne，2012；Blanchard et al., 2015; Kuersteiner et al., 2015）。从实证证据来看，央行干预效果也是不确定的。Rogoff（1984）利用美元/加元的周数据和两阶段最小二乘法考察央行干预效果，研究结果无法证实央行干预的资产组合效果。Fatum & Hutchison（1999）认为，央行干预可能是央行未来货币政策的信号，从而影响汇率。运用 GARCH 模型和美国1989—1993 年日数据考察央行干预的效果发现，央行干预给外汇市场制造噪声，提高了未来货币政策的不确定性。Dominguez（2006）的实证研究发现，市场交易者对央行干预在时间上的反应不同。在一天的时间长度上，外汇干预对汇率的汇率波动有影响的，但是长期来看，没有证据表明央行干预对汇率有影响。Adler & Tovar（2014）使用 15 个经济体 2004—2010 年的面板数据，运用两阶段工具变量方法克服内生变量问题，实证研究央行外汇干预的效果。结果表明，央行干预减缓了升值的速度，资本项目的开放程度迅速减弱干预效果。同时，在汇率估值过高的货币上，央行效果更有效。总的来说，越来越多的实证研究表明央行干预的效果较小并且是短期有效的。

Frankel & Froot（1990）通过调查数据说明外汇市场中交易者异质期望对外汇市场的重要影响，噪声交易者的投机行为是市场过度波动和泡沫产生的根源。学者们开始关注到外汇市场的异质性特征，运用噪声交易法研究外汇市场微观结构。Jeanne & Rose（2002）构建了一个由噪声交易者内生决定是否进入外汇市场的噪声模型，研究表明，噪声交易者进入汇率市场增大了汇率的波动。央行可以通过降低汇率基本面因素的波动和抑制噪声交易者进入市场来降低汇率波动。Jang（2007）运用市场微观结构模型分析央行干预和外汇市场特征的关系。研究表明，央行干预对外汇市场的影响取决于资产配置者的交易强度、基本面投资者的比例边界、做市商的价格调整速度和投机交易者的交易强度。Chutasripanich & Yetman（2015）构建了一个包含基本面交易者、投机交易者和央行的噪声交易模型，根据稳定汇率、减小经常账户不平衡、抑制投机、最小化外汇储备波动和最小化干预成本等五项标准考察不同干预规则下央行的干预效果。

Hung（1997）在噪声交易模型的框架下进行实证研究，发现央行干预减少日元/美元和马克/美元在1985—1986年的汇率波动率，但是却增加了1987—1989年间的汇率波动。Reitz（2005）运用马尔可夫机制转换方法检验央行对外汇干预的效果，发现美联储和德国联邦银行的干预强化了噪声交易者在短期的预测力。Beine et al.（2009）基于噪声交易者模型，运用时变转换概率模型考察央行对外汇干预的影响，发现央行的干预增加了基本面交易者的比例，从而稳定汇率。

随着国外外汇市场微观结构理论研究的不断深入，国内学者也开始运用市场微观结构理论研究央行干预对汇率的影响。丁剑平等（2006）通过构建市场微观结构模型比较分析了央行在不同的交易层次进行外汇市场干预的效果。研究结果表明，央行干预会使汇率更接近其真实波动水平，并且央行通过做市商间接参与银行间外汇市场比直接参与的干预效果更好。陈浪南等（2008）构建了一个央行频繁干预情形下的人民币汇率决定的市场微观结构模型，市场中存在外汇指定交易银行、流动性需求者、流动性供给者以及央行等，研究了市场不同参与者的交易策略均衡。白淑云（2010）构建了一个央行干预通过知情做市商的"热土豆"效应传递指令流和干预信息给非知情做市商，金融投资者得知央行干预后调整基本面分析的权重的人民币汇率动态微观结构模型，研究了外汇市场的稳定性条件和央行干预效果。李晓峰和魏英辉（2009）基于市场交易者异质预期的假设，构建了包含央行干预的汇率行为金融模型，运用计算机模拟技术对央行不同干预方式的有效性进行分析。李晓峰等（2011）采用 Weymark 指数法估计了 1994 年来我国面临的外汇市场压力和央行外汇干预指数，实证结果显示样本期间央行平均干预指数为 0.97，说明我国央行实行的是强势干预政策以保持人民币汇率的稳定。李晓峰等（2010）和陈华（2013）利用月度数据实证考察了央行干预对人民币异质预期交易者的影响效力。

综上所述，从模型结论和实证结果来看，央行干预对汇率的作用效果是有争议的。时间长度不同，央行的干预效果可能有天壤之别。而且，基于噪声交易视角实证研究中国的央行干预效果的研究仍然稀少。本章首先利用时变参数的向量自回归模型实证研究人民币外汇市场央行干预的短期效果；然后在噪声交易视角框架下，利用时变转换概率模型（Filardo，1994）实证研究人民币外汇市场央行干预的长期效果。

7.2 央行干预短期效果的实证研究

7.2.1 实证模型

央行对汇率的干预效果依赖于外汇市场条件，现实中的外汇市场条件会随经济结构等因素发生变化，模型参数也会发生相应变化。为了较好捕捉外汇市场条件的时变性特点及微观结构特征，本章使用时变参数的向量自回归模型（TVP-VAR），运用中国外汇市场的日数据实证研究央行干预对人民币汇率波动的短期效果。

参考 Primiceri（2005）的设定，TVP-VAR 模型采取以下形式。

$$y_t = Z_t \beta_t + \varepsilon_t \qquad\qquad （7-1）$$

其中，$\varepsilon_t \sim N(0,\Sigma_t)$，且 $\Sigma_t = L^{-1}D_t D_t L^{-1'}$，$D_t$ 是对角矩阵，其对角线元素为 $d_{it} = \exp(\frac{1}{2}h_{it})$，为误差项时变的标准差，$L$ 为时变的下三角协方差矩阵，其主对角线元素均为 1。

$$L = \begin{bmatrix} 1 & 0 & 0 \\ L_{21} & 1 & 0 \\ L_{31} & L_{32} & 1 \end{bmatrix} \qquad\qquad （7-2）$$

将 L 的每行元素表示在维度为 $\frac{M(M-1)}{2}$ 的列向量中，其中 M 为变量个数，则 $l_t = (L_{21,t}, L_{31,t}, L_{32,t}, ..., L_{p(p-1),t})'$，$h_t = (h_{1t}, ..., h_{Mt})'$。设定 β_t，l_t，

h_t 服从随机游走过程。

$$\beta_{t+1} = \beta_t + \mu_t$$
$$l_{t+1} = l_t + \varsigma_t \qquad\qquad (7-3)$$
$$h_{t+1} = h_t + \eta_t$$

以上三个状态方程的扰动项服从如下设定。

$$\begin{bmatrix} \mu_t \\ \varsigma_t \\ \eta_t \end{bmatrix} \overset{iid}{\sim} N(0, \begin{bmatrix} Q & 0 & 0 \\ 0 & S & 0 \\ 0 & 0 & W \end{bmatrix}) \qquad\qquad (7-4)$$

TVP-VAR 模型估计在贝叶斯框架下实现。研究表明，马尔可夫蒙特卡洛算法（MCMC）是较为理想的估计方法，具体参考 Primiceri（2005）和 Nakajima（2011）。

7.2.2 数据与处理

本章使用三变量的 TVP-VAR 模型，分别为日度人民币兑美元中间价汇率、中美银行间隔夜拆借利率差、央行对外汇市场的干预强度，重点分析央行对外汇市场干预强度对人民币汇率动态的影响。考虑到银行间即期外汇市场人民币兑美元交易价浮动幅度自 2014 年 3 月 17 日起扩大至 2%，故本章选取的样本为 2014 年 3 月 18 日至 2015 年 3 月 18 日的一年 262 个样本数据。数据来源于 WM/Reuters 的 DataStream。

本章使用汇率波动去除市场因素变动后的残差项来度量日度央行对外汇市场的干预强度，具体为人民币汇率日度环比增长率减美元指数增长率。图 7-1 列出了样本期人民币兑美元汇率、中美隔夜拆借利率差、央行对外汇市场干预强度的变动情况。如图 7-1 所示，人民币兑美元汇率与中美隔夜拆借利率差表现较强的相关性，进一步，人民币兑美元汇率动态和央行对外汇市场干预强度也存在正相关关系。

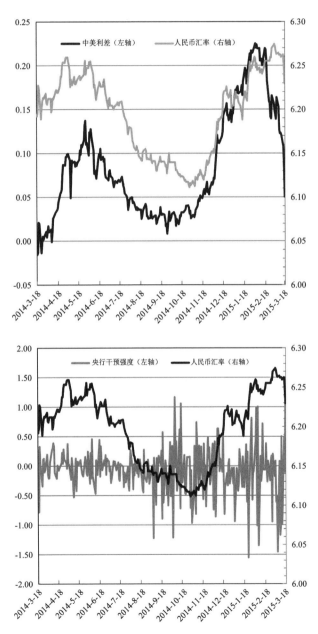

图 7-1 人民币兑美元汇率、中美隔夜拆借利率差和央行对外汇市场干预强度的变动情况

在 VAR 框架下，需要各变量的时间序列平稳。为保证实证方法的准确性，我们首先使用 ADF 统计量，对三个变量做单位根检验，检验结果如表 7-1 所示。因此，在实证模型中，我们使用一阶差分的人民币兑美元汇率、一阶差分的中美隔夜拆借利率差和央行对外汇市场干预强度的水平值。

表 7-1   各变量平稳性检验

变量	水平值 ADF 统计量	一阶差分 ADF 统计量
人民币兑美元汇率（EX）	–1.145（非平稳）	–16.168***（平稳）
中美隔夜拆借利率差（r）	–1.172（非平稳）	–15.627***（平稳）
央行对外汇市场干预强度（FR）	–20.768***（平稳）	

注：*** 代表在 1% 的置信水平下显著。

7.2.3 实证结果与分析

MCMC 算法下，需要对估计参数收敛性进行模拟检验。本章采用 Geweke（1992）提出的收敛诊断（CD）统计量和无效因子，设定模拟次数 N=10000，计算结果如表 7-2 所示。表 7-2 结果说明，CD 统计量收敛于标准正态分布，在 5% 的置信水平下，其收敛于后验分布的假定被接受，另外较低的无效因子表明 MCMC 算法是对 TVP-VAR 模型的有效抽样方法。

表 7-2   模拟参数估计结果

参数	均值	标准差	95% 的置信区间	CD	无效因子
sb1	0.0023	0.0003	[0.0018，0.0028]	0.874	8.88

（续上表）

参数	均值	标准差	95% 的置信区间	CD	无效因子
sb2	0.0033	0.0003	[0.0019, 0.0136]	0.672	21.24
sa1	0.0475	0.0025	[0.0109, 0.0867]	0.701	47.95
sa2	0.0056	0.0016	[0.0034, 0.0096]	0.824	59.17
sh1	0.2586	0.0633	[0.1557, 0.3673]	0.735	40.15
sh2	0.1460	0.0195	[0.1150, 0.1858]	0.505	17.21

图 7-2 列出了三个变量冲击波动率的时间序列，表明各变量冲击的波动率体现出时变性特点，这与外汇市场变量特征相吻合。图 7-2-1 表明，2014 年 3 月 17 日放宽人民币兑美元交易价浮动幅度，在随后的一年时间里，人民币汇率的波动有较大的变化，这也印证了前文所述观点，人民币交易价日波动区间的扩大，客观上增大了汇率的波动率。

图 7-2-2 表明，中美隔夜拆借利率差的波动性也有明显的增强，这可能与中美宏观经济表现差异较大有关。金融危机后，美国经济表现低迷，进入持续的低利率甚至名义零利率（Zero Lower Bound）时代，相反中国经济则恢复较快，提前进入缓慢的加息周期。图 7-2-3 表明，央行干预在 2014 年 8 月之后波动明显增强，说明我国央行开始频繁地干预外汇市场。这与现实相符，2014 年 8 月 11 日中国人民银行宣布令人民币兑美元中间价贬值约 2% 后，开始加速下降外汇储备。

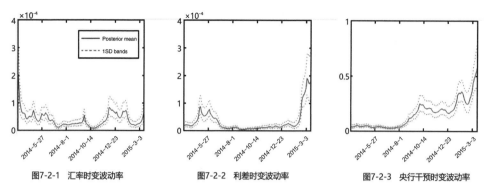

图7-2-1 汇率时变波动率　　　图7-2-2 利差时变波动率　　　图7-2-3 央行干预时变波动率

图7-2　汇率冲击、中美隔夜拆借利率差冲击和央行干预冲击的波动率动态

　　为进一步分析中美隔夜拆借利率差冲击、央行干预冲击对人民币汇率产生的影响，我们计算了人民币汇率对中美隔夜拆借利率差、央行干预冲击的脉冲响应。图7-3表明，中美隔夜拆借利率差冲击对人民币汇率的影响在不同时间点上脉冲响应基本一致，说明汇率波动的利率渠道较为稳定，正向的中美隔夜拆借利率差冲击会引起人民币汇率升值，且反应迅速，在冲击发生后的第1个交易日内达到人民币升值的最大值，在第5个交易日该冲击影响基本消失，汇率恢复基本面价值。

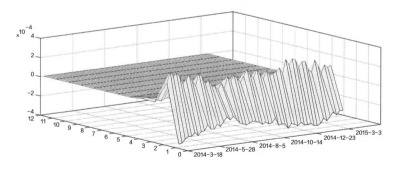

图7-3　汇率对中美隔夜拆借利率差冲击的脉冲响应

　　图7-4表明，与中美隔夜拆借利率差冲击很不同的是，在不同时间点，由于外汇市场条件有所不同，人民币汇率对央行干预冲击的脉

冲响应具有时变性。首先，在样本初期，正向的央行干预冲击对汇率表现短暂的负向影响，即人民币升值，但是在大约第二个交易日后，其影响转变为正向影响，即人民币贬值。但是在 2014 年 5 月至 10 月期间，汇率对央行干预的脉冲响应则相对平稳，表明此间央行干预对外汇市场并未起到较好的效果。在 2014 年 10 月至 12 月期间，汇率对央行干预的脉冲响应则表现得十分强烈。

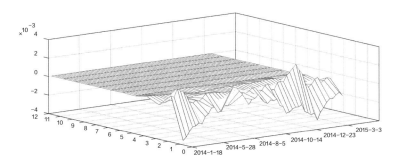

图 7-4 汇率对央行干预冲击的脉冲响应

7.3 央行干预长期效果的实证研究

7.3.1 实证模型

随着人民币外汇市场的市场参与者和交易品种不断丰富，人民币外汇市场参与者变得更加多元化，市场参与者可大致分为基本面交易者和噪声交易者（亦称为技术交易者）两种类型。基本面交易者通过利率等宏观基本面的变化来判断人民币汇率的发展趋势和做出交易决策；而噪声交易者则根据人民币汇率的过去走势来判断汇率的发展趋势和做出交易决策。同时，外汇交易者间会对比两种投资策略的投资收益，进行相互学习来动态调整投资策略（Brock 和 Hommes，1997）。因此，人民币汇率的动态决定受两种决策机制的共同影响，但在不同的时间内噪声交易者和基本面交易者的比例具有时变性。本章借鉴 Beine et al.（2009）的噪声交易者模型，运用时变转换概率的马尔可夫机制转换模型考察央行外汇干预的效果。时变转换概率的马尔可夫机制转换模型考察央行干预的原理是：央行干预影响两类市场交易者的转换概率，从而从时变的转换概率得知央行干预对两类市场交易者的作用方向和影响大小，实现考察央行干预对人民币汇率的作用效果的研究目标。

利率平价理论通过套利分析阐释了利率是汇率变动的关键因素。Frankel（1979）通过构建模型发现，汇率与名义利率差呈负相关。Lui 和 Mole（1998）对香港外汇交易者使用基本面分析和技术分析调查，发现利率相关的新闻是对预测汇率的相对重要的基本面因素。Nakagawa（2002）通过阈值非线性模型实证研究证实了汇率与利率差间的非线性关系。Dick et al.（2015）使用欧洲经济研究中心收集的金融投资者的美元/欧元汇率预测的大面板数据进行实证研究发现，好的汇率预测与正确的基本面理解有关，特别是好的利率预测。众多实证研究亦认为利率是汇率重要的基本面因素（Nagayasu，2000；陆前进等，2013）。因而，基本面交易机制下的人民币汇率动态决定可表示为：

$$E_{t-1}^{f}\left(s_{t}-s_{t-1}\right)=\phi_{0}+\phi_{1}\left(r_{t-1}-r_{t-1}^{*}\right)$$

$$\Delta s_{t}^{f}=E_{t-1}^{f}\left(s_{t}-s_{t-1}\right)+\varepsilon_{f,t}=\phi_{0}+\phi_{1}\left(r_{t-1}-r_{t-1}^{*}\right)+\varepsilon_{f,t} \qquad (7\text{--}5)$$

且 $\varepsilon_{f,t}=\sigma_{f}\varepsilon_{t},\varepsilon_{t}\sim \mathrm{i.i.d.}N(0,1)$

其中：ϕ_0 表示常数项；ϕ_1 表示利率差对即期汇率的边际影响；s_t 表示 t 时期人民币即期汇率的对数，即 $s_t = \log(S_t) \times 100$，其中 S_t 表示 t 时期的人民币即期汇率；s_{t-1} 表示 $t-1$ 时期人民币即期汇率的对数；Δs_t^f 表示基本面交易机制下的人民币汇率变化；$\varepsilon_{f,t}$ 表示基本面交易机制下的随机扰动项；σ_f 表示基本面交易机制下的方差；i.i.d.N(0,1) 表示独立同分布的标准正态分布；r_t 和 r_t^* 分别表示国内和国外的利率；r_{t-1} 和 r_{t-1}^* 分别表示 $t-1$ 时期的国内和国外利率。

R_t（Regime Switching）表示一阶马尔可夫性质的两状态转换变量。人民币汇率在基本面交易机制和噪声交易机制（$R_t = f, n$）两个机制状态中进行马尔可夫机制转换。噪声交易机制下（$R_t = n$），噪声交易者主要根据汇率过去的波动规则来预期汇率的未来走势。因而，噪声交易机制下的人民币汇率动态决定可表示为：

$$E_t^c\left(s_t - s_{t-1}\right) = \alpha_0 + \sum_{i=1}^{g} \alpha_i \left(s_{t-i} - s_{t-i-1}\right)$$

$$\Delta s_t^c = E_t^c\left(s_t - s_{t-1}\right) + \varepsilon_{f,t} = \alpha_0 + \sum_{i=1}^{g} \alpha_i \left(s_{t-i} - s_{t-i-1}\right) + \varepsilon_{c,t} \qquad （7-6）$$

且 $\varepsilon_{c,t} = \sigma_c \varepsilon_t, \varepsilon_t \sim \text{i.i.d.N}(0,1)$

其中：α_0 表示常数；α_i 表示前 i 期汇率变动率对即期汇率的边际影响；s_{t-i-1} 表示 $t-i-1$ 时期人民币即期汇率的对数；g 表示加总前 g 期汇率变动率对即期汇率的边际影响，具体数值由贝叶斯信息准则（BIC）确定；Δs_t^c 表示噪声交易机制下的人民币汇率变化；$\varepsilon_{c,t}$ 表示噪声交易机制下的随机扰动项；σ_c 表示噪声交易机制下的方差；i.i.d.N(0,1) 表示独立同分布的标准正态分布。

两状态间的转换概率矩阵（P）为

$$P = \begin{pmatrix} p_{ff} & p_{cf} \\ p_{fc} & p_{cc} \end{pmatrix} = \begin{pmatrix} p_{ff} & 1-p_{cc} \\ 1-p_{ff} & p_{cc} \end{pmatrix} \quad （7-7）$$

时变转换概率模型中，央行干预影响（7-7）式中基本面交易机制和噪声交易机制两机制间的转换概率 P，从而两机制的时变转换概率 P 的具体设置如下：

$$p_{cc} = \mathrm{Pr\,ob}[R_t = c|R_{t-1} = c, I_{t-1}] = 1 - \left(1 + \exp\left(\pi_0 - \pi_1 I_{t-1}\right)\right)^{-1} \quad （7-8）$$

$$p_{ff} = \mathrm{Pr\,ob}[R_t = f|R_{t-1} = f, I_{t-1}] = 1 - \left(1 + \exp\left(\kappa_0 - \kappa_1 I_{t-1}\right)\right)^{-1} \quad （7-9）$$

其中：p_{cc} 表示汇率保持在噪声交易机制的概率；I_{t-1} 表示上一期的央行干预；π_0 表示汇率保持在噪声交易机制时，央行干预的常数项；π_1 表示汇率保持在噪声交易机制时，央行干预对时变转换概率的边际影响；p_{cf} 表示汇率由噪声交易机制向基本面交易机制转变的概率，即 $p_{cf} = 1 - p_{cc}$。同理，p_{ff} 表示汇率保持在基本面交易机制的概率；κ_0 表示汇率保持在基本面交易机制时，央行干预的常数项；κ_1 表示汇率保持在基本面交易机制时，央行干预对时变转换概率的边际影响；p_{fc} 表示汇率由基本面交易机制向噪声交易机制转变的概率，即 $p_{fc} = 1 - p_{ff}$。央行干预通过影响两个机制的时变转换概率来改变汇率运动机制。

7.3.2 模型估计

在正态假设下，Δs_t 在基本面和技术面两机制下的条件密度函数可分别表示为：

$$f(\Delta s_t|R_t=f,\Omega_{t-1})=\frac{1}{\sqrt{2\pi}\sigma_f}\exp\left\{\frac{-\left[\Delta s_t-E_t^f\left(s_t-s_{t-1}\right)\right]^2}{2\sigma_f^2}\right\} \tag{7-10}$$

$$f(\Delta s_t|R_t=c,\Omega_{t-1})=\frac{1}{\sqrt{2\pi}\sigma_c}\exp\left\{\frac{-\left[\Delta s_t-E_t^c\left(s_t-s_{t-1}\right)\right]^2}{2\sigma_c^2}\right\} \tag{7-11}$$

由马尔可夫机制转换可得预测概率$\Pr ob[R_t=j|\Omega_{t-1},I_{t-1}]$：

$$\Pr ob[R_t=j|\Omega_{t-1},I_{t-1}]=p_{fj}\Pr ob[R_{t-1}=f|\Omega_{t-1},I_{t-1}]+$$
$$p_{cj}\Pr ob[R_{t-1}=c|\Omega_{t-1},I_{t-1}] \tag{7-12}$$

预测密度函数$f(\Delta s_t|\Omega_{t-1},I_{t-1})$为：

$$f(\Delta s_t|\Omega_{t-1},I_{t-1})=\sum_{i=c,f}\Pr ob[R_t=i|\Omega_{t-1},I_{t-1}]f(\Delta s_t|R_t=i,\Omega_{t-1}) \tag{7-13}$$

由贝叶斯定理，代入（7-6）（7-7）（7-8）（7-9）式，我们可以由$\Pr ob[R_{t-1}=i|\Omega_{t-1},I_{t-1}]$得过滤概率$\Pr ob[R_t=i|\Omega_t,I_{t-1}]$：

$$\Pr ob[R_t=i|\Omega_t,I_{t-1}]=\frac{\Pr ob[R_t=j|\Omega_{t-1},I_{t-1}]f(\Delta s_t|R_t=i,\Omega_{t-1})}{f(\Delta s_t|\Omega_{t-1},I_{t-1})} \tag{7-14}$$

总的来说，就是由$\Pr ob[R_0=i|\Omega_0]$初始开始运算，依次经过（7-12）、（7-10）及（7-11）、（7-13）和（7-14）重复迭代获得$f(\Delta s_t|\Omega_{t-1},I_{t-1})$，从而获得对数似然函数$L(\theta)=\sum_{t=1}^{T}f(\Delta s_t|\Omega_{t-1},I_{t-1};\theta)$，$T$为时间序列样本量，通过最大化对数似然函数求得参数$\theta$的估计值，从而得到央行干预对人民币汇率运动方程的影响。本章使用matlab 2011软件，运用最大似然估计法进行参数估计。

7.3.3 数据与处理

本章使用的实证数据包括每月的人民币即期平均汇率、中国与美国每月的平均利率差和每月的央行干预量。为了反映最近的市场化程度较高的外汇市场和其中央行干预影响，同时满足足够的研究样本，本章选取 2012 年 4 月至 2015 年 11 月银行间即期外汇市场人民币交易价浮动幅度的月数据。每月的人民币即期平均汇率是对一个月每日的即期汇率数据取平均数得出，这样可以消除月末数据的随机性，恰当反映整个月的汇率水平，数据来源于 Wind 资讯；同理，每月的人民币平均利率是对一个月每日的隔夜利率数据取平均数得出，这样可以消除月末数据的随机性，恰当反映整个月的利率水平，数据来源于 Wind 资讯；美国每月利率取自美国月有效联邦利率，实际上也是美国每个月的日有效联邦利率的平均数，数据来源于 Federal Reserve Economic Data；每月的央行干预量，取自央行每个月的外汇储备变化量，数据来源于 Wind 资讯。

如图 7-5 所示，人民币平均汇率既有与利率负向相关的情形，即满足利率平价的基本面运动，也有与利率正向相关的情形，即汇率运动处于噪声机制；每月的央行干预量和平均汇率的关系则不那么明显（如图 7-6 所示），总体来说，当人民币升值的时候，央行干预量为正值，也就是说外汇储备在增加。当人民币贬值时，央行干预量为负值，也就是外汇储备在减少。综合而言，央行根据汇率的运动特征做反向冲销干预，以此缓和汇率的变动。

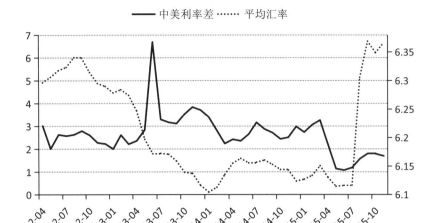

图7-5 中国每月的中美利率差（单位:%）和平均汇率（单位:人民币／美元）

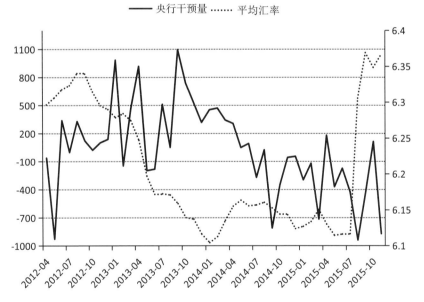

图7-6 中国每月的央行干预量（单位:亿美元）和平均汇率（单位:人民币／美元）

由于是时间序列分析，在估计时变转换概率模型前，本章使用 ADF 检验对（7-5）（7-8）式中的数据（$s_t - s_{t-1}$）、（$r_{t-1} - r_{t-1}^{*}$）和 I_t 进行平稳性检验。由表 7-3 的 ADF 检验结果可知，实证模型中的所有变量均在 5% 的显著水平下显著，拒绝存在单位根的零假设，所有解释变量和被解释变量均平稳。

表 7-3　数据平稳性的 ADF 检验

统计量　　　变量	t-Statistic	P 值
$(s_t - s_{t-1})$	−5.007822	0.0010
$(r_{t-1} - r_{t-1}^{*})$	−3.897005	0.0205
I_t	−5.208864	0.0006

由表 7-4 的实证模型数据变量的描述性统计可知，样本区间内，汇率月变化率 $(s_t - s_{t-1})$ 的平均值为 0.036535，汇率平均月贬值 0.036535%，最大月贬值 4.352024%，最大月升值 0.770238%。因此，汇率在样本区间内总体处于贬值，而且有些月份贬值幅度还比较大。每月的中美利率差 $(r_{t-1} - r_{t-1}^{*})$ 的平均值为 2.634832，说明中美利率差普遍处于较高水平，方差为 0.890540，说明利率差变化相对而言不大。央行干预量总体来看，央行吸收外汇，但具体从每个月来看，出现较大的干预。

表 7-4　实证模型数据变量的描述性统计

统计量　　　变量	Mean	STD	Max	Min
$(s_t - s_{t-1})$	0.036535	0.733551	4.352024	−0.770238
$(r_{t-1} - r_{t-1}^{*})$	2.634832	0.890540	6.696405	1.073548
I_t	28.58378	475.9146	1096.190	−939.29

7.3.4 实证结果和分析

实证模型在多次对比估计参数的 P 值和 BIC 值，确定最终的实证模型，噪声交易机制中的滞后项阶数为 2。最终模型的参数估计值如表 7-5 所示。

表 7-5　模型的参数估计结果

参数 ＼ 统计量	Coefficient	P 值
ϕ_0	1.719	0.09
ϕ_1	−0.643	0.13
α_1	0.372	1.306e−07
α_2	−0.203	0.0013
π_0	−0.112	0.966
π_1	0.044	0.411
κ_0	0.029	0.985
κ_1	0.010	0.186
Obs=43	BIC=56.28	

由模型估计结果可知，基本面交易机制和噪声交易机制和前文的理论模型结论基本一致。当中美利率差上升时，人民币汇率趋于升值，而当利率差下降时，人民币汇率趋于贬值。人民币在噪声交易机制时，上一期的汇率变化会带动本期的正反馈调整，上两期的汇率运动则会带动本期的负反馈调整。在央行干预效果上，央行干预项的参数不显著。也就是说，从一个月的时间长度来看，央行干预对汇率运动的影响不明显。正如前文央行干预下的人民币汇率噪声交易动态模型的理论分析，长期来看，汇率的运动轨迹会回归基本面汇率，央行的干预是无效的。Dominguez（2006）的实证研究也表明市场交易者对央行干预在时间上的反应不同。在一天的时间长度上，央行干预对汇率的波动

是有影响的，但是长期来看，没有证据表明央行干预对汇率有影响。

7.4 本章小结

本章首先运用时变参数的向量自回归模型实证研究人民币外汇市场央行干预的短期效果；然后在噪声交易视角框架下，使用时变转换概率模型实证研究人民币外汇市场央行干预的长期效果，从现实的汇率数据探寻实际的人民币外汇市场央行干预的效力。

实证结果表明，从日数据来看，在不同时间点，由于外汇市场条件有所不同，人民币汇率对央行干预冲击的脉冲响应具有时变性。首先，在样本初期，正向的央行干预冲击对汇率表现短暂的负向影响，即人民币升值，但是在大约第二个交易日后，其影响转变为正向影响，即人民币贬值。但是在 2014 年 5 月至 10 月期间，汇率对央行干预的脉冲响应则相对平稳，表明此间央行干预对外汇市场并未起到较好的效果。在 2014 年 10 月至 12 月期间，汇率对央行干预的脉冲响应则表现得十分强烈。

从月度数据来看，当中美利率差上升时，人民币汇率趋于升值，而当利率差下降时，人民币汇率趋于贬值。人民币在噪声交易机制时，上一期的汇率变化会带动本期的正反馈调整，上两期的汇率运动则会带动本期的负反馈调整。在央行干预效果上，央行干预项的参数不显著。也就是说，从一个月的时间长度来看，央行干预对汇率运动的影响不明显。正如前文央行干预下的人民币汇率演化模型的理论分析所示，长期来看，汇率的运动轨迹会回归基本面汇率，央行的干预是无效的。Dominguez（2006）的实证研究也表明市场交易者对央行干预在时间上的反应不同。在一天的时间长度上，央行干预对汇率的波动是有影响的，但是长期来看，没有证据表明央行干预对汇率有影响。

因此，随着我国外汇市场化改革的深入，国际资本流动更为便利，人民币汇率的定价更为市场化，央行干预对人民币汇率的长期作用下降。从央行干预的短期效果来看，央行干预效果与当时的外汇市场条件有关，具有时变性；从央行干预的长期效果来看，要想维护人民币汇率的平稳运行，需要健康的宏观经济。

第八章
外汇市场改革与跨境资本管理的国际借鉴

当前，中国的金融开放正有序地加快推进当中，外汇市场改革持续深化，跨境资本流动的规模也随之增大。然而，日益开放的外汇市场和规模庞大的跨境资本流动易给宏观经济带来不稳定性。在百年大变局的国际背景下，我国面临的外汇市场改革开放和跨境资本流动形势变得更加复杂。本章总结分析国外典型国家外汇市场改革的经验教训以及跨境资本管理的理论逻辑，归纳提出了外汇市场改革和跨境资本管理过程中应该遵循的基本原则、方法步骤和注意事项。

8.1 外汇市场改革的国际借鉴

8.1.1 锚定通胀目标——德国的经验

德国的汇率市场化改革可以分为三个阶段。第一阶段为 20 世纪 60 年代至 70 年代，德国经济快速发展，对外贸易持续顺差，马克兑美元出现巨大升值压力。为了保持固定汇率，德国央行被迫在市场上大量购入超额供给的美元，给德国国内的通货膨胀带来极大压力。为了维护国内物价的基本稳定，德国适时对汇率进行小幅升值；第二阶段在 20 世纪 70 年代，布雷顿森林体系土崩瓦解，德国宣布实行浮动汇率制度，德国的货币政策着重于锚定国内通胀目标而不是汇率，稳步推进马克"主动渐进式升值";第三阶段为 20 世纪 80 至 90 年代，美国与德国、日本等国家签订了《广场协议》，要求德国马克大幅升值。德国始终坚持反通胀的货币政策，重视国内货币政策的自主性，坚持让市场决定马克的价值。与日本的资产泡沫破灭和经济长期不振相比，德国锚定通胀目标的汇率制度改革实现了维护经济金融稳定增长和汇率制度改革转型的双目标，其成功经验可以总结为以下几个方面。

第一，保持货币的基本均衡。德国的成功经验表明，在经济发展实现由弱变强时，主动稳步推进货币小幅稳步升值是必不可少的，一直以来，德国都在顺应经济发展的形势，完成渐进小幅升值。在三元悖论中，德国政府主动在固定汇率制度、独立的货币政策和资本的自由流动中取得平衡，根据自身的实际情况将本币升值的自主权掌握在自己手中，而不是盲目追随其他国家的政策。对于《广场协议》保持战略清醒，坚持"以我为主，适时适度"的基本原则，保持货币的基本均衡。

第二，重视锚定通胀目标。德国始终将通货膨胀率作为货币政策的首位目标，密切关注货币供给量，将消费者物价指数作为货币发行的依据。坚持汇率制度改革以国内经济发展和物价基本稳定为前提，更多地让市场决定汇率价值，渐进式地推进汇率制度改革。

第三，优化升级产业结构。在马克升值的过程中，德国过去的出口产业利润率和市场竞争力受到冲击，德国政府及时引导国家的产业结构进行调整，推动产业结构优化升级，包括升级完善新型基础设施、淘汰转型传统产业、支持高科技企业的研发创新等。通过政策引导支持，德国的信息科技和生物技术等高科技产业快速发展，促进了经济的持续健康增长，为德国的汇率制度改革创造一个扎实牢固的经济基础。

8.1.2 渐进市场化——智利的经验

智利在汇率市场化的过程中始终坚持主动、平稳、渐进的原则，依次推进固定汇率、爬行钉住美元、爬行钉住一篮子货币和完全自由浮动汇率制度四个阶段的汇率市场化改革。第一阶段是智利由固定汇率制度向爬行钉住美元转变。20 世纪 60 年代初期，智利采用固定汇率来应对严重的通货膨胀。随着经济的发展，比索发生了实际的汇率升值，造成巨额的经常项目逆差。从 1965 年开始，智利对比索进行小幅贬值，并从固定汇率制度转向爬行钉住美元。1975 年，智利又一次出现了严重的通货膨胀，智利央行再一次决定实施钉住美元的固定汇率制度。第二阶段是智利由爬行钉住美元向爬行钉住一篮子货币转变。随着智利经济的稳定发展，大量国际资本流入智利，导致智利的通货膨胀压力再一次升高。1992 年，智利政府决定采用爬行钉住一篮子货币，不断增大爬行区间，主动渐进推动汇率有序升值。第三阶段是智利由爬行钉住一篮子货币向完全自由浮动汇率制度转变。1997 年亚洲金融危机后，智利面临着金融危机冲击、出口下降和政府债务扩大等问题。智利一方面逐步扩大比索的爬行区间，提高投机成本；另一方面，加强对短期资本的管理，实行外资无偿准备金制度，要求流入的短期资金将一定比例的资金存放在中央银行，提高投机成本。1999 年 9 月至今，智利宣布实行完全自由浮动汇率制度。智利的成功经验可以总结为以下几个方面。

第一，采用渐进方式主动实现汇率市场化。自由浮动汇率制度的实现不是一蹴而就的，智利由固定汇率制度向完全自由浮动汇率制度的转变是一个渐进市场化的过程。一方面是改革的顺序，智利在改革的过程中遵循固定汇率、爬行钉住美元、爬行钉住一篮子货币到自由浮动汇率制度的顺序稳步推进汇率市场化；另一方面是改革的力度，在汇率市场化的进程中，汇率的波动幅度在转型的过程中逐步扩大，比索的币值小幅温和升值。因此，在汇率市场化的过程中应注重改革的节奏与力度，做到渐进而稳步。

第二，注重汇率市场化与通货膨胀的平衡。汇率市场化带来的是货币政策的内外联动，不能顾此而失彼。从智利的汇率市场化改革可以看到，智利因通货膨胀的原因而在固定汇率与爬行盯着汇率制度中反复曲折。通货膨胀率是制定货币政策的重要参考系，失去通货膨胀的锚，汇率制度的改革不可能取得成功。因此，在汇率制度改革过程中，要坚持以国内经济为主，增强汇率的自动稳定功能，发挥汇率的资源配置功能，实现经济稳健增长与汇率制度改革的双目标。

第三，优化跨境资本结构。外资流入可以增强国内国际企业的互动交流，有助于经济增长。然而，大规模的短期跨境资本的流动容易导致汇率的大幅波动，形成货币危机，破坏经济的运行秩序。因此，对待不同期限的跨境资本，应该采取有区别的跨境资本管理政策。鼓励长期的跨境资本流入来促进经济增长，抑制短期的跨境资本大规模地流入国内。优化跨境资本结构政策是推进汇率市场化改革的有力保障。

8.1.3 危机推动型——墨西哥的经验

墨西哥是典型的在危机时期推动汇率市场化改革的国家。20 世纪 70 年代末，由于公共开支过大、外贸逆差大幅度上升，墨西哥政府借了大量的短期外债来弥补赤字。受国际石油价格下跌和贷款利率上浮的影响，墨西哥无法偿还巨额的政府债务。1982 年起，墨西哥开始实行经济市场化和贸易自由化改革，但比索汇率钉住美元，货币价值被高估，出口竞争力下降，外贸逆差扩大。为保持国际收支平衡，墨西哥通过高利率政策和外资优惠政策吸引跨境资本流入，加大了墨西哥宏观经济的脆弱性。1994年，美联储不断提高利率，造成大量国际资本逆转。墨西哥比索为保持汇率稳定，利用大量外汇储备频繁干预外汇市场。在几乎耗尽外汇储备后，墨西哥被迫实行比索汇率自由浮动。1994年金融危机之后，墨西哥积极调整货币政策框架，进行了一系列的汇率市场化改革，实施锚定通货膨胀率的货币政策，提高中央银行的独立性。墨西哥的经验教训可以总结为以下几个方面。

第一，良好的经济基本面是资本自由流动和汇率市场化改革的基础。一个国家需要有一个良好的经济基本面和稳定的金融市场作为支撑，汇率市场化改革才能得以顺利推进。墨西哥在债务危机和巨大国际收支赤字的背景下推动资本自由流动，引起墨西哥比索的巨大贬值。僵化的固定汇率制度反过来又加剧了墨西哥贸易赤字的扩大，最终酿成了1994年的金融危机。因此，一个国家需要保持良好的财政收支状况和适当的外汇储备，为资本项目的自由兑换和汇率市场化改革创造良好的改革环境。

第二，保持适度弹性和基本均衡的汇率水平。从墨西哥的经验可以得知，在国家经济迅速发展的过程中，固定汇率制度无法实现一国金融经济的均衡稳定。因此，在实行浮动汇率制度前，要适时把握时机调整汇率水平，保持汇率水平的适度弹性和基本均衡。僵化的汇率制度会错失调节内外均衡的工具，造成国际收支的失衡，进而可能导致经济危机，更谈不上汇率市场化改革了。

第三，维护货币政策的公信力。墨西哥在1994年改革之前，长期的恶性通货膨胀严重损害了货币政策在公众预期中的公信力。提高中央银行的独立性和锚定通货膨胀率，一方面，对于重建民众对于本国货币的信心具有重大的现实意义；另一方面，也能增强国外投资者的信心，吸引国外资金流入，重构国家货币信用。

8.1.4 金融自由化——日本的经验

"二战"结束后，日本经济崩溃，日元大幅贬值，日本政府为推动国内经济增长，将汇率维持在一个低位的固定汇率。在 20 世纪 60 年代末，日本经济快速发展，成为仅次于美国的第二大经济体。日本经济的高速增长增大了日元升值的压力，直到 1971 年布雷顿森林体系土崩瓦解，日元被迫由固定汇率制度向浮动汇率制度转变。此后，迫于欧美等国家的政治压力，日本于 1985 年签订《广场协议》，迫使日元大幅升值，大量的国际资本涌入日本资本市场，催生了日本巨大的资产泡沫。资产泡沫的破灭最终导致日本陷入长达三十几年的经济萎靡之中。日本的经验教训可以总结为以下几个方面。

第一，坚持汇率改革的自主性。日本在汇率制度改革的过程中迫于外国政治压力，没有坚持汇率市场化改革节奏的自主性。例如，在"尼克松冲击"事件中增加的财政预算与扩张的货币政策，直接造成 1973—1974 年日本的恶性通货膨胀。签订《广场协议》后，单边的大幅的日币升值吸引大量的国际游资进入日本投机，催生了日本巨大的资产泡沫，最终导致日本陷入长达十几年的经济萎靡。因此，保持汇率升值的自主性对于一国成功实现汇率市场化是十分关键的。

第二，密切关注资产价格的变化。日元的单向大幅升值对于日本的出口贸易和经济造成了冲击，并且吸引了大量的国际投机资本，推升了日本的资产价格。在资产价格高峰时，甚至出现了东京的房地产资产价格可以买下整个美国的夸张情况。资产价格泡沫也给日本的实体经济带来了畸形的生产成本，实体经济萎靡。资产价格泡沫的破灭破坏了日本金融体系和实体经济的正常运转，给后来国家的汇率制度改革予以警示。在汇率制度改革过程中，政策制定者需要密切关注资产价格的变化，防范化解跨境资本投机行为带来的资产价格泡沫和系统性金融风险。

第三，汇率市场化要与资本项目开放、利率市场化相协同。日本在汇率市场化的过程中受内外部冲击的交叉影响，导致日元升值的节奏错配，利率市场化滞后于资本项目开放和汇率市场化。日元的大幅单向升值带来了大量的国际投机资本，但是日本的利率市场化改革滞后，国内金融体系改革没有与汇率市场化的节奏同步，大量境内外资本流向房地产行业和股市，导致资产价格泡沫的产生。因此，汇率市场化改革的进程要与资本项目开放、利率市场化协同并进，才能稳妥、顺利推进汇率市场化改革。

8.2 跨境资本管理的国际借鉴

一方面，跨境资本能够促进经济增长（Maurice，2009）；另一方面，国内外金融市场的高度联动使得新兴经济体的跨境资本具有很强的顺周期性和跨市场、跨区域传播的特征。在经济的繁荣时期，跨境资本大量流入，容易造成国内信贷扩张，引发金融资本与实体经济脱节，导致金融泡沫的顺周期膨胀扩大。当经济放缓时，跨境资本的突然停止流入甚至逆转流出，容易引起信贷收缩、资产价格暴跌和外汇贬值的恶性循环，导致货币危机的发生。

8.2.1 跨境资本管理工具简介

跨境资本管理的基本原理是三元悖论，即如何围绕一个国家的资本自由流动、汇率稳定和货币政策独立性进行权衡取舍。历次跨境资本冲击给新兴经济体带来的经济危机让人们意识到跨境资本管理的重要性，并逐渐使用各种政策工具来管理跨境资本的流动。根据 IMF（2012）制定的资本流动管理框架，跨境资本管理工具主要包括宏观审慎管理和资本管制（如图 8-1 所示）。跨境资本宏观审慎管理是指对境内借款者获得境内贷款和境外贷款加以区别，具有调节境内微观主体向境外借款规模的作用；资本管制则是专门用于居民与非居民间的金融交易，具有隔离国内金融市场和国际金融市场的作用（Korinek & Sandri，2016）。跨境资本管理的目标主要是促进跨境资本更加平稳有序，降低金融危机的发生概率和严重程度，维护金融的安全稳定（Boar et al.，2017；Korinek，2018）。张健华等（2012）指出，宏观审慎管理的直接目标是防范和化解系统性风险，最终目标是实现金融稳定，以及中间的各种具体的操作目标。Korinek（2018）的研究表明，各国跨境资本的外部性取决于该国资本流动的资本类型结构，不同类型的跨境资本的外部性大小有所差异。外币债务在金融危机时期会导致大量资本外流、资产价格下跌和汇率贬值，具有巨大的顺周期外部性。相较而言，外商直接投资和股权等跨境资本具有较高的稳健性，外部性较低。因此，跨境资本管理的首要目标是改善资本流动的类别结构，使之更加稳健，而不仅仅是影响资本流动规模总量。

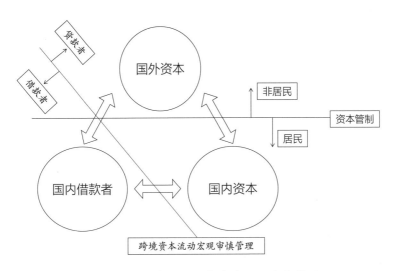

图 8-1 跨境资本宏观审慎管理和资本管制

跨境资本宏观审慎管理和资本管制的本质区别在于，跨境资本宏观审慎管理通过改变境内借款者向境外贷款所面临的实际利率，提高境内借款人的融资成本，遏制其过度借贷，起到减少金融负债数量和风险的作用；而资本管制通过阻断境内居民与非居民间的金融交易，隔离国内和国际金融市场，提高经济体的总净值（Korinek & Sandri，2016）。相对而言，跨境资本宏观审慎管理更为常态化地管理跨境资本，旨在通过减少境外金融负债和逆周期调节来防范化解跨境资本风险，但是存在一定的时滞；资本管制则具有较强的强制性特征，能够快速高效地应对跨境资本的破坏性流入或急剧流出，保持货币政策的独立性，几乎不存在政策时滞。如表 8-1 所示。

表 8-1 跨境资本宏观审慎管理和资本管制的比较

指标	跨境资本宏观审慎管理	资本管制
直接效果	对境内借款者获得境内贷款和境外贷款加以区别	隔离国内金融市场和国际金融市场

（续上表）

指标	跨境资本宏观审慎管理	资本管制
操作目标	提高境内借款人的借款成本，优化跨境资本的类型和结构，防止过度借贷	阻隔国内和国际金融市场，防止跨境资本急剧流入或流出
最终目标	降低资本的顺周期波动，防范系统性风险	快速高效管理跨境资本，保持货币政策的独立性
工具特点	逆周期；持续作用	强制性；应急管理
使用范围	常规使用，旨在防范	必要时使用
政策时效	间接管理，存在时滞	直接管理，不存在时滞
共同点	以降低金融危机的发生的概率和严重程度为目标；产生溢出效应、泄漏效应和滞后效应；抑制经济繁荣时期的信贷供应、投资和经济增长	

宏观审慎管理需要应对时间维度的风险和横截面维度的风险，解决资本的顺周期波动和跨机构的交叉传染问题。跨境资本宏观审慎管理的政策工具包括价格管理工具、数量管理工具、期限管理工具、逆周期管理工具、预期管理工具以及其他管理手段等，其中价格管理工具主要是对跨境资本进行征税或者收取一笔交易手续费以改变资本的实际价格，如外汇交易手续费；数量管理工具主要用于对跨境资本额度的限制，例如对于合格的境外投资者投资额度的限制；期限管理工具指的是为防止跨境资本突发逆转流动，要求跨境资本在央行存放一定期限；逆周期管理工具在周期的各个阶段灵活修改资本充足率，抑制繁荣时期的信贷扩张和萧条时期的损失扩大，其工具设计具有"以丰补歉""逆风而行"的特点。

资本管制则不具有这一特性，其政策工具的设计更像是一道"防火墙"，遵循及时高效的原则。资本管制分为行政型资本管制、价格型资本管制和数量型资本管制。行政型资本管制主要是指行政审批；价格型资本管制通过征税改变资本的实际价格从而间接影响跨境资本，典型的政策工具是托宾税；数量型资本管制又称为直接资本管制，直接限制跨境资本的数量和规模，典型的工具包括限制金融交易和资本所得的政策。在实际使用的过程中，跨境资本宏观审慎管理工具和资本管制工具并不总是有着特别明晰的界限，存在一定的交叉重叠，如图 8-2 所示。

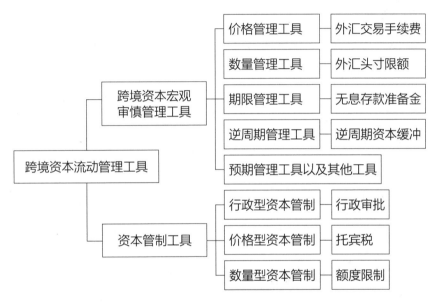

图 8-2　跨境资本宏观审慎管理和资本管制的政策工具

然而，这两种跨境资本管理工具也会产生泄漏效应（Aiyar et al.，2014）、国际溢出效应（Bruno et al.，2017；Jeanne，2014）和滞后效应（Forbes et al.，2015）。泄漏效应是指信贷转移到同一国家的其他机构，而溢出效应则是信贷转移到其他国家（Kristin et al.，2019）。Ahnert et al.（2018）的研究表明，对银行外汇借款的严格管理将导致公司增加外汇债券发行，泄漏效应的规模约为银行外汇借款减少额的 10%。Jeanne（2014）的研究指出，国际政策协调能够为国际溢出效应带来帕累托改善。Forbes et al.（2015）的研究表明，随着时间的推移，大幅的汇率贬值可以提高经济增长率，但是需要经历初始的经济收缩和一定的滞后效应。

此外，这两种跨境资本管理工具的负面影响是在减少危机期间经济损失的同时降低了正常时期的趋势性增长（Wong et al., 2015）。正常时期的跨境资本宏观审慎管理和资本管制有助于减少国内资产负债表上金融脆弱性的积累，但是在减少"坏"的资金流动的同时也减少了一些"好"的资金流动（Ostry et al., 2011）。Chang Ma（2019）的研究表明，宏观审慎管理降低了经济危机发生的概率，提高了危机时期的经济增长率，但是由于减少了外汇贷款进而也降低了正常时期的经济增长率，政策制定者需要在趋势性增长和周期性增长中权衡取舍。总体而言，最优宏观审慎政策的福利收益相当于持续的年消费增长0.06%，消费平稳化带来的好处远远大于平均增长率下降带来的福利损失。因此，即使平均增长率降低，宏观审慎管理仍是可取的。

8.2.2 跨境资本管理工具的传导机制

众多研究表明，跨境资本宏观审慎管理通过宏观审慎税、准备金等逆周期管理工具改善跨境资本的类型结构，防止个体过度借贷产生的"公地悲剧"，将负面冲击带来的金融外部性和需求外部性内化，从而防范跨境资本的顺周期波动和跨部门传染风险。资本管制则通过隔离国内和国际市场，快速高效地防止资本的"大进大出"，减少中心经济体的货币政策带来的外部冲击，降低跨境资本和汇率的波动性，维护一国的货币政策的独立性和金融稳定。假设国内居民在期初通过抵押国内资产借入大量外债，一个外部冲击导致汇率下跌，由此引起国内资产的迅速贬值，国外贷款者收缩信贷，形成汇率下降、收紧信贷与资本外流的恶性循环。在这个过程中，跨境资本宏观审慎管理可以提高国内借款者的借款成本，防止过度借贷，达到防患于未然的作用；而资本管制的作用则在于当恶性循环发生时通过高效迅速的手段阻止境内资本大量外流，打破这种循环（Korinek & Sandri，2016）。如图 8-3 所示。

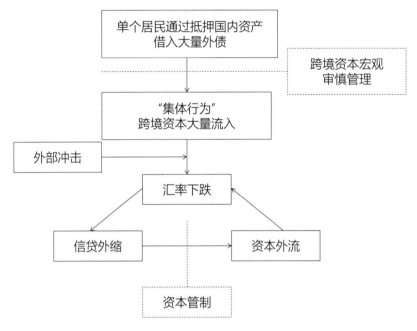

图 8-3　跨境资本宏观审慎管理和资本管制的传导机制

跨境资本宏观审慎管理的传导机制。跨境资本宏观审慎管理的理论基础是金融外部性（Bianchi，2011）和总需求外部性（Farhi & Weming，2016）。金融外部性是指过度借贷的借款者个体在借入外债时没有内化其集体成本，当发生资本外流、汇率下降和不良资产负债表的负向循环时，对新兴经济体造成的巨大的金融负外部性。Jeanne et al.（2019）构建了一个债务累积和资产价格之间的相互作用放大信贷繁荣和萧条的动态模型，研究表明对借贷增收庇古税可以促使借款者将这种金融外部性内化并增加福利。总需求外部性是指由于价格或工资刚性，个体无法将其决策对总需求的影响内部化，在经济的扩张阶段过度刺激总需求，并使得经济在收缩阶段更加脆弱（Chang Ma，2019）。Zhu（2015）基于工资刚性和抵押品约束研究固定汇率下的总需求外部性和经济外部性时发现，在金融危机风险很高或工资增加时收取审慎税抑制资本流入，以及在失业率高或金融危机风险低时吸引鼓励资本流入，这种反周期的审慎税可以显著减少失业和防止金融危机，最终改善福利。Jeanne（2016）发现新兴经济体还可以使用在经济繁荣阶段积累的外汇储备来降低经济收缩时的资产价格下跌，有效缓解资产价格下跌所带来的负向循环。

资本管制的传导机制。中心经济体的宽松货币政策增加了全球的流动性，改变了金融机构的风险偏好，同时使得新兴经济体提高杠杆率和汇率升值，增大其资本逆转的风险（Ouyang et al.，2019）。资本管制通过建立一道"防火墙"，防止恶性资本外流，同时使得借款者的信用价值与汇率的变动分离，即使在浮动汇率的制度下也能缓和汇率波动，降低经济受到资本外流的不利影响（Wong et al.，2015）。Han et al.（2018）从货币政策自主权的视角进行研究，发现资本管制有助于新兴经济体免受中心经济体的货币政策冲击，即使后者超量发行货币和降低利率。此外，Magud et al.（2011）通过构建资本管制有效性指数和加权资本管制有效性等两个指标发现，对资本外流的管制改变了资本流动的结构，使其由短期的跨境资本向长期的跨境资本转变，从而使其未来的投资组合更加稳健，维护一个国家的金融稳定和经济增长。

8.2.3 跨境资本管理工具的作用效果

跨境资本的大幅波动会破坏金融系统的稳健性和良好的运行状态

（Pinsh，2017）。新兴经济体的决策者试图减少跨境资本的波动性，从而降低大规模流动逆转引发危机的可能性。跨境资本管理工具能够有效地缓和全球跨境资本的大幅波动（Bluedorn et al.，2013；Farhi et al.，2014）。Bruno et al.（2017）在分析 2004—2013 年的宏观审慎政策和资本管制措施对 12 个亚太经济体银行业和债券流入的影响时发现，银行部门和债券市场的跨境资本管理措施在减缓银行资本流入和债券流入方面是有效的。Álvaro（2019）研究宏观审慎管理和资本管制分别对发达经济体和新兴经济体跨境资本流入的影响后发现，针对金融机构的宏观审慎政策增大了新兴经济体的跨境资本流入，而对发达经济体则产生负向影响；资本管制对新兴经济体的资本流入及其波动率产生了负向影响，有助于新兴经济体降低资本流动的波动性。

跨境资本宏观审慎管理和资本管制都能抑制汇率的波动，增强新兴经济体金融稳定性。Ouyang et al.（2019）的模拟结果表明，在中心经济体的利率冲击来临时，宏观审慎管理（对外资的逆周期存款准备金率和借款的逆周期流动性要求）可以降低新兴经济体的汇率波动。Ahnert et al.（2018）的研究发现，对银行的外汇宏观审慎管理可以降低银行的外汇风险头寸，有效减轻银行对汇率波动的脆弱性。Zeev（2017）利用 33 个新兴经济体组成的资本管制面板数据研究发现，严格的资本流入管制能够有效降低杠杆率，增强新兴经济体对于全球货币信用供给冲击的吸收能力，降低信用供给冲击的影响。

跨境资本管理工具还可以对其他宏观经济变量进行管理调节。对反周期的宏观审慎管理在遏制信贷周期、降低银行系统性风险和金融脆弱性以及管理信贷预期等方面是有效的。Qureshi et al.（2011）使用 1995—2008 年期间 51 个新兴经济体的宏观审慎管理指数研究表明，宏观审慎政策有助于抑制总信贷强度的爆发，繁荣时期实行的宏观审慎管理增强了经济在萧条期间的复原力。Meuleman et al.（2020）使用2000年到2017年欧洲银行的月度动态面板数据和边际预期缺口（MES）指标进行实证研究，发现宏观审慎政策在遏制银行系统性风险方面是有效的，尤其是不良贷款率高的银行；以借款者为目标的宏观审慎措施有助于抑制银行个体风险，而流动性措施有助于降低银行间的系统性泄露风险。Cizel et al.（2016）的研究发现，宏观审慎政策对发达经济体和新兴经济体银行信贷的影响都是显著的，但同时还会产生向非银行金融机构贷款的替代效应，特别是对于发达国家；因此，对于发达国家而言，要将宏观审慎政策覆盖至银行之外。Boar et al.（2017）使用64个发达国家和新兴经济体的面板数据实证研究宏观审慎管理政策对长期经济表现的影响，发现在其他条件相同的情况下，更频繁使用宏观审慎管理工具的国家的经济增速更强劲和平稳。

对于资本管制的研究主要集中在资本管制下的最优货币政策问题上（Magud et al.，2011；Davis et al.，2017；Han et al.，2018）。Rey（2013）在三元悖论的基础上提出全球的金融周期下的"两难悖论"，即当且仅当资本账户是受管理的，才可能有独立的货币政策，资本管制可作为解决"两难悖论"的工具之一。Davis et al.（2017）构建一个含有名义刚性和信贷摩擦的小型开放经济模型研究，表明资本管制使得小型经济体能够在浮动汇率制度下的货币政策更少地关注国外利率变化，而更多地聚焦于国内变量。Forbes et al.（2015）使用60个国家的数据和倾向性得分匹配方法研究发现，运用资本管制来应对经济危机会显著降低经济增长速度。游宇和黄宗晔（2016）的研究发现，对债券进行管制能够促进经济增长；对股票进行资本管制阻碍了经济增长；而对直接投资进行资本管制对经济增长的影响不显著。Magud et al.（2011）的研究表明，资本管制并不总是有效的，有效的资本管制需要根据每一个国家的具体特征；资本流入管制能够降低汇率压力、使得货币政策更加独立、改变跨境资本的结构。

8.2.4 跨境资本管理工具的适用范围

第一，跨境资本宏观审慎管理更多地用于调节资本流入，资本管制可以让货币政策更为独立和聚焦于国内变量。Beirne et al.（2017）利用1999—2012年发达和新兴经济体的银行业数据研究宏观审慎政策在管理跨境银行流动方面的有效性，表明宏观审慎管理措施在减少跨境银行流入方面成效十分显著。Gochoco-Bautista et al.（2012）利用9个亚洲新兴经济体的固定效应面板数据研究发现，资本管制加剧了新兴经济体的资本外流。Magud et al.（2011）的研究表明，对跨境资本流入实施资本管制并没有减少净流量，但资本流出的资本管制措施使得货币政策更为独立。

第二，跨境资本宏观审慎管理适用于常规的跨境资本管理，而资本管制擅长于快速高效地控制跨境资本大幅波动（如图8-4所示）。宏观审慎管理作为预防性手段，能够常规地减少金融负债，擅长应对跨境资本在正常范围内的波动，降低系统性风险的发生概率。当跨境资本存在异常波动时，资本管制由于其强制性，能够快速高效地防止跨境资本的"大进大出"。面对资本流入激增，各国应该首先尽量使用宏观经济政策和宏观审慎管理措施，资本管制可作为最后手段(Ostry et al.，2011）。

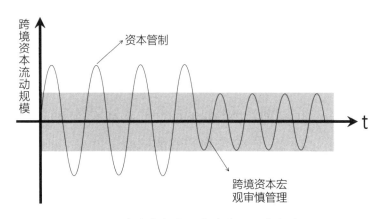

图 8-4　跨境资本宏观审慎管理与资本管制

第三，随着经济的不断发展，新兴经济体应逐步取消资本管制并注重跨境资本宏观审慎管理。Sheng et al.（2017）的研究表明经济体的金融体系越完整，跨境资本管理措施的作用效果越好，并且金融发展水平更高的国家，实施宏观审慎管理比实施资本管制的影响更大。Korinek & Sandri（2016）的研究指出，拥有大量外债的新兴经济体对汇率波动的担忧尤为严重，而发达经济体的汇率对金融稳定性的影响较小；随着经济的不断发展，资本管制和宏观审慎管理的最优组合措施在发生变化，新兴经济体应逐步取消资本管制并注重宏观审慎管理。

第四，当跨境资本绕过宏观审慎管理时，应扩大跨境资本管理覆盖范围，甚至采用资本管制手段。例如，宏观审慎政策可以降低银行信贷规模，但同时还会产生向非银行金融机构贷款的替代效应（Cizel et al.，2016）。在 2015 年人民币贬值背景下，跨境资本通过香港贸易中进口低报的灰色渠道流入中国（陈卫东和王有鑫，2016）。

第五，跨境资本宏观审慎管理与资本管制的选择取决于国内银行和外国投资者之间的金融摩擦程度和美元负债程度。当国内银行和外国投资者之间的金融摩擦程度较低时，宏观审慎管理比资本管制更为适宜；当国内银行和外国投资者之间的金融摩擦程度较高时，资本管制比宏观审慎管理更为适宜。在一个没有负债美元化的经济体中，宏观审慎管理比资本管制更能改善福利（Kitano et al.，2020）。

8.3 政策启示

8.3.1 汇率制度改革的政策启示

汇率市场化改革要坚持以自主性、可控性和渐进性为基本原则，渐次推进固定汇率—爬行钉住一篮子货币—放宽浮动区间—完全浮动汇率制度的改革步骤，并以锚定通货膨胀作为首要货币政策目标，维护一国货币的价值基本面和市场公信力，在汇率制度改革的过程中密切关注资产价格的变化，还要注意保持汇率市场化与利率市场化和资本项目的开放协同并进。麦金农（1993）的金融自由化四阶段理论认为，金融自由化的顺序为财政—货币—外贸—汇率，良好的财政收支状况、稳定的宏观经济基本面和物价水平是汇率制度改革开放的经济基础；进而，推动国内利率市场化改革，放松对于国内利率的管制；再而，积极推进汇率市场化、经常性账户开放和贸易自由化；最后，推动资本账户的有序开放。

第一，良好的宏观经济基本面是汇率制度改革的基础。如果一国拥有良好的经济基本面，即使改革过程中出现曲折反复，汇率制度改革的进程总体亦会较为平稳。如果经济基本面较为疲弱时而仓促贸然推进汇率制度改革，则会引来货币投机炒作行为，引发资产价格泡沫和金融危机等一系列问题。同时，在货币价值调整的过程中，推动产业结构优化升级，包括升级完善新型基础设施、淘汰转型传统产业、支持高科技企业的研发创新等，促进经济的持续健康增长，为汇率制度改革创造一个扎实牢固的经济基础。

第二，坚持汇率制度改革的自主性和可控性。德国和日本的汇率制度改革成效形成了鲜明对比，坚持汇率制度改革的自主性是取得改革成功的必要条件。日本迫于国外政治压力而打乱了自己的改革节奏，脱离本国经济形势的变化，为了改革而改革，给日本的经济发展带来了惨痛的教训。因此，汇率制度改革应坚持以我为主，根据宏观经济形势的变化，因时而动、恰如其分地推进汇率制度改革，保持汇率制度改革中的自主性和可控性。

第三，汇率制度改革中锚定通货膨胀，维护货币价值的基本稳定。货币政策要伴随着汇率市场化进行转轨，通货膨胀目标制能够为汇率制度改革锚定一个价值锚，确保货币基本面价值的稳定性。盲目调节货币供应量，会导致一国货币失去价值参考性，破坏货币公信力。因此，要协同推进汇率市场化和利率市场化，在汇率市场化的进程中锚定通货膨胀，合理运用货币政策工具，维护公众对于货币价值的信心。

第四，保持汇率的适度弹性和基本均衡，优化跨境资本结构。在国家经济迅速发展的过程中，固定汇率制度无法实现一国金融经济的均衡稳定。因此，即使在实行浮动汇率制度前，要适时把握时机调整汇率水平，保持汇率水平的适度弹性和基本均衡。僵化的汇率制度会错失调节内外均衡的工具，造成国际收支的失衡，进而可能导致经济危机，更谈不上汇率市场化改革了。同时，对待不同期限的跨境资本，应该采取有区别跨境资本管理政策。鼓励长期的跨境资本流入来促进经济增长，抑制短期的跨境资本大规模地流入国内。

第五，采取渐进的方式稳步实现汇率制度改革。汇率制度改革不是一蹴而就的，固定汇率—爬行钉住一篮子货币—放宽浮动区间—自由浮动汇率制度是一个稳妥有效的改革路径。渐进的汇率制度改革一方面可以兼顾利率市场化和资本项目开放的协同并进，另一方面可以让市场参与者渐进地适应汇率的市场化波动。过快的改革过程容易导致汇率的大幅波动，酿成经济危机。因此，在汇率市场化的过程中应注重改革的节奏与力度，做到渐进而稳步。

8.3.2 跨境资本管理的政策启示

跨境资本可以促进经济增长。但是，跨境资本将国内外金融市场链接起来，使得国内经济容易受到外部经济的影响。顺周期性和跨市场、跨区域传播的特征容易引起信贷收缩、资产价格暴跌和外汇贬值的恶性循环，导致货币危机的发生。因而，需要充分发挥不同跨境资本管理工具的比较优势，维护跨境资本流动的平稳有序，为汇率制度改革创造良好的环境基础和安全保障。

第一，跨境资本管理框架需适时调整，以优化跨境资本结构为重点。跨境资本管理框架的设计需要因国而异，即使在同一个国家内也要根据金融开放的不同阶段及时调整跨境资本管理组合。在一个国家的经济基本面尚未稳固、国内金融体系尚未充分发展时，应逐步减少资本管制措施，并注重加强跨境资本宏观审慎管理。优化跨境资本的类型与结构，优先引入外商直接投资和股权等外部性较低的长期资本，降低金融危机发生的概率和成本，实现经济金融的长期稳定和增长。

第二，不断丰富跨境资本管理工具箱，必要时采取资本管制措施。跨境资本流入不仅有合法渠道还有灰色渠道，跨境资本管理应因形就势不断丰富管理工具，构建跨境资本逆周期调节体系，从而更有针对性地应对各种跨境资本的冲击。资本管制和跨境资本宏观审慎管理之间的关系为治"标"和治"本"的关系，资本管制适合作为应急管理手段应对跨境资本异常波动，而跨境资本宏观审慎管理能够防范化解系统性金融风险。

第三，健全货币政策和跨境资本管理政策的双支柱调控框架，加强政策工具之间的协调与配合。跨境资本宏观审慎管理和资本管制能够引导跨境资本有序流动，是货币政策的有益补充，二者缺一不可，应加强政策工具之间的协调与配合，实现跨境资本有序流动、货币政策有效和浮动汇率制自我调节的综合优势。

第四，强化信息披露和预期引导。面对日益复杂的国内国际形势，宏观经济的不稳定性、不确定性较大，强化信息披露和预期引导显得尤为重要。悲观的预期容易带来多米诺骨牌效应，导致经济金融陷入恶性循环。因此，应及时发布权威的经济数据和宏观政策，稳定国内外投资者的经济发展预期，防止跨境资本的"羊群效应"所造成的金融外部性，维护跨境资本流动的平稳有序。

第九章

人民币国际化的前景展望

随着中国经济实力的稳步提升，人民币不仅在国际贸易结算中广泛使用，而且人民币的国际储备货币、国际投融资等功能不断增强，人民币国际化稳步前行。人民币国际化不仅有利于促进中国经济开放发展，而且有助于提高全球金融体系的稳定性，为全球企业和投资者提供了更多的选择和机会。通过一系列改革举措，中国正在稳步推进人民币国际化，持续扩大人民币在国际贸易、直接投资和金融证券投资等领域的应用和发展。本章从人民币国际化的内涵出发，系统梳理人民币国际化的发展脉络，总结分析不同国家货币国际化的经验教训，进而提出人民币国际化的实现路径。

9.1 人民币国际化的发展历程

9.1.1 人民币国际化的内涵

人民币国际化是指人民币不仅在国内执行货币的职能，而且在国际上执行货币的职能，即人民币的计价单位、交易媒介、价值储藏功能向国际范围延伸，逐步在国际贸易、金融投资和外汇储备领域中被广泛使用。从静态来看，人民币国际化是指人民币在国际上的广泛流通使用，成为各国央行的重要储备货币；从动态来看，人民币国际化是指人民币从本国扩散到周边各国乃至全球范围内使用，成为国际上普遍认可的计价、结算及储备货币的动态过程。

1. 国际贸易结算货币

国际贸易结算货币，即在国际贸易中执行计价和结算的货币职能，是指国际贸易合同以人民币计价，不仅可用于中国的进出口贸易，甚至在不涉及中国的国际贸易中使用人民币进行计价与结算。人民币作为国际贸易结算货币，必须具备以下基本条件：一是币值稳定，即交易双方出于避免汇率风险而愿意接受该货币；二是使用便利，即该货币具有充足的流动性，自由兑换且易于获取。

2. 国际金融投资货币

国际金融投资货币是指人民币成为直接投资与国际金融产品的计价和交易结算货币。货币国际化的一般发展规律是从结算货币向投资货币、储备货币职能渐进拓展的过程。资本项目的有序开放和自由兑换是人民币国际化的关键一跃。推动海外居民持有和使用人民币，需要持续扩大人民币的充分可兑换和流通领域，例如人民币跨境直接投资以及人民币金融证券产品的推出。

3. 国际储备货币

人民币国际化的一个重要环节是人民币被外国政府持有，成为官方储备货币。国际储备是主权国家国际支付以及维护本币汇率稳定的一种储备资产，是国际上国家政府普遍认可的一般等价物。主权国家外汇储备的币种选择及其比例由各国政府自主决定，一是选择币值稳定、流通广泛的货币，二是选择与本国贸易金融往来较为频繁国家的货币。当前，各国央行青睐的储备货币主要是美元、欧元、日元、英镑等。

9.1.2 人民币国际化的发展脉络 [①]

1. 扩大跨境贸易人民币结算

人民币国际化从国际贸易结算领域起步。自20世纪90年代以来，我国在经常项目和资本项目上保持"双顺差"现象，而且"双顺差"呈逐年递增趋势。中国作为世界第二大经济体，进出口货物贸易总额超过美国位居世界第一，在国际贸易中长期处于顺差地位，我国的外汇储备不断积累。中国经济的快速发展加速了中国同周边国家和地区在商品、人员和资本上的往来，作为贸易结算和支付手段的人民币需求也逐渐增多。同时，美元、欧元在国际金融危机出现大幅汇率波动的背景下，中国同周边国家和地区使用第三方货币进行贸易结算的方式存在较高的汇率风险。因此，自2009年中国推动人民币跨境贸易结算以来，使用人民币进行贸易投资和计价结算的规模快速扩大。

2009年4月，国务院常务会议决定在上海、广州、深圳、珠海、东莞五个城市开展跨境贸易人民币结算试点，试点的境外区域主要是港澳地区和东盟。2009年7月，中国人民银行与相关部委联合发布《跨境贸易人民币结算试点管理办法》（银发〔2009〕212号），标志着跨境贸易人民币结算试点正式启动。2010年6月，六部委联合下发《扩大跨境贸易人民币结算试点的通知》，将跨境贸易人民币结算的境外地域从港澳和东盟扩大到所有国家和地区，将国内试点地区扩大到北京、天津、内蒙古、辽宁、吉林、黑龙江、江苏、浙江、福建、山东、湖北、广西、海南、重庆、四川、云南、西藏、新疆等18个省（自治区、直辖市），广东省的试点范围从四个城市扩展到全省，并增加了上海市和

[①] 详见附录二人民币国际化大事记，资料来源于《2022年人民币国际化报告》。

广东省出口货物贸易人民币结算试点企业数量。2011 年，跨境贸易人民币结算地区扩大至全国，境外范围扩展至全球。2012 年 2 月，中国人民银行等六部门联合发布《关于出口货物贸易人民币结算企业管理有关问题的通知》，明确所有从事进出口货物贸易、服务贸易、其他经常项目的企业均可开展出口货物贸易人民币结算业务。2021 年 2 月,《关于进一步优化跨境人民币政策支持稳外贸稳外资的通知》推动更高水平贸易投资人民币结算便利化，进一步简化跨境人民币结算流程。

2. 建设人民币离岸市场

人民币离岸业务是指金融机构在中国境外提供的人民币存贷、汇款、兑换、结算等各种金融服务，以及人民币股票、债券、基金、外汇、衍生品等各类金融产品的发行和交易。在人民币完全可兑换之前，离岸人民币市场为境外的人民币提供一个交易流通的市场，是人民币国际化的重要载体。离岸人民币业务政策最先在香港推出，随后扩展到其他国际金融中心。2003 年 11 月，中国人民银行开始向香港银行提供人民币清算业务。2012 年 4 月，伦敦金融城开启伦敦人民币离岸发展中心。2013 年 2 月，新加坡开启人民币清算业务。至此，离岸人民币市场呈现以香港为中心，新加坡、伦敦等多点发展的格局。在市场需求、国际货币体系变革和政策推动等因素的驱动下，人民币金融服务以及人民币金融产品快速发展。

香港人民币离岸市场为离岸的人民币资金提供丰富的投资渠道，提升离岸人民币的流动性和收益性，促进人民币在岸、离岸市场的良性循环。2003 年 11 月，中国人民银行和香港金管局签署《合作备忘录》，香港自此迈出人民币离岸市场建设的第一步。2004 年 2 月起，香港持牌银行开始办理人民币存款业务。2009 年 1 月，中国人民银行与香港金管局签署货币两千亿元人民币的货币互换协议。2009 年 7 月，跨境贸易人民币结算试点启动，当时香港地区作为境外唯一试点地区收获了政策红利，离岸人民币存款规模较快增长。2009 年 9 月，人民币国债首次在香港地区发行。2010 年 6 月，中国央行宣布扩大跨境贸易人民币结算试点的范围，为香港离岸人民币市场快速发展创造了有利条件。2010 年 7 月，中国人民银行与中银香港签署《香港银行人民币业务的清算协议》，离岸人民币业务限制基本解除。2011 年 1 月，境内机构获准使用人民币进行境外直接投资，并准许香港银行提供相应的人民币资金支持。2014 年和 2016 年，沪港通和深港通相继启用，国际投资者可透过两个通道投资买卖内地股票。2017 年 7 月，债券"北向通"正式启动，进一步激发境外中小机构投资者投资境内人民币债券市场的潜力。2021 年 9 月，债券"南向通"正式上线，实现了境内债券市场的双向开放。2021 年 10 月，粤港澳大湾区"跨境理财通"正式启动，香港、澳门和广东省内九市的居民可跨境投资粤港澳大湾区内银行销售的理财产品。

3. 深化央行双边货币互换

货币互换（Currency Swap）是指中央银行之间在一定规模内以本国货币为抵押换取等额对方货币，向两国的商业银行提供短期流动性支持，两国企业得以汇兑对方货币用于进口商品。货币互换有助于两国企业规避第三方货币汇率波动，有效减少汇兑成本、降低汇率风险，进一步促进贸易投资便利化。人民币国际化鼓励外商用人民币买中国商品，但问题在于海外的进口商没有用于购买商品的人民币。通过中国人民银行与国外央行货币互换，海外进口商能更方便地向所在国家的商业银行汇兑人民币，用来购买中国的商品，推动人民币国际化。

如表9-1所示，截至2021年底，中国人民银行总计与40个国家和地区的中央银行或货币当局签署双边货币互换协议，总金额超过3.99万亿元。央行货币互换为人民币的海外使用提供流动性支持，有力地促进了中国和外国贸易往来中的人民币结算比例。作为推进人民币国际化的重要抓手，货币互换不仅扩大了人民币在贸易计价结算中的使用率，而且增强了人民币汇率的锚效应。

表9-1 中国人民银行与其他国家/地区的货币互换协议签署情况

国家/地区	首次签署时间	首次签署规模（亿元）	国家/地区	首次签署时间	首次签署规模（亿元）
韩国	2008年12月	1800	匈牙利	2013年9月	100
中国香港	2009年1月	2000	阿尔巴尼亚	2013年9月	20
马来西亚	2009年2月	800	欧央行	2013年10月	3500
白俄罗斯	2009年3月	200	瑞士	2014年7月	1500
印度尼西亚	2009年3月	1000	斯里兰卡	2014年9月	100
阿根廷	2009年4月	700	俄罗斯	2014年10月	1500
冰岛	2010年6月	35	卡塔尔	2014年11月	350
新加坡	2010年7月	1500	加拿大	2014年11月	2000
新西兰	2011年4月	250	苏里南	2015年3月	10
乌兹别克斯坦	2011年4月	7	亚美尼亚	2015年3月	10
蒙古	2011年5月	50	南非	2015年4月	300
哈萨克斯坦	2011年6月	70	智利	2015年5月	220
泰国	2011年12月	700	塔吉克斯坦	2015年9月	30
巴基斯坦	2011年12月	100	摩洛哥	2016年5月	100
阿联酋	2012年1月	350	塞尔维亚	2016年6月	15
土耳其	2012年2月	100	埃及	2016年12月	180
澳大利亚	2012年3月	2000	尼日利亚	2018年4月	150
乌克兰	2012年6月	150	日本	2018年10月	2000
巴西	2013年3月	1900	中国澳门	2019年12月	300
英国	2013年6月	2000	老挝	2020年5月	60

数据来源：中国人民银行《中国货币政策大事记》

4. 推进金融市场开放

从静态来看，金融市场开放是指一个国家（或地区）的金融服务与金融市场对外开放；从动态来看，金融市场开放是指一个国家（或地区）由金融封闭状态向金融开放状态转变的过程。一国金融市场开放通过资本的流入和流出，增加国际市场上对本币的需求，推动本国货币由贸易结算需求向货币储备需求和资本交易需求发展，从而促进货币的国际化。

1979年，日本输出入银行在北京设立代表处，拉开了中国金融市场对外开放的序幕。1981年，外资金融机构被允许在深圳、厦门等经济特区设立营业性机构。1990年8月，中共中央、国务院批准上海浦东率先成为获准引入营业性外资金融机构的经济特区，大量外资金融机构进军上海金融市场。1992年10月，党的十四大首次正式确定了建立社会主义市场经济的经济体制改革目标，中国进入了全新的对外开放阶段。1994年，《外资金融机构管理条例》颁布，首次规定了外资银行进入我国的基本条件和监管要求等内容。1996年，外资金融机构在上海浦东试点进行人民币业务，同时外资保险公司获准在中国境内设立分支机构。随着中国在2001年加入WTO，我国金融业加快了对外开放的步伐。2002年，合格的境外机构投资者制度（QFII）出台，有限度地开放本国证券市场。2006年，合格境内机构投资者（QDII）获准在规定范围内投资境外资本市场的股票、债券等有价证券，QDII制度正式启动。2011年，人民币合格境外投资者（RQFII）业务开闸，沪港通、深港通先后开通。2019年5月，中国银保监会从取消外资股比限制、放宽市场准入条件和扩大业务范围等方面，支持外资参与我金融市场。随着我国金融开放明显加速，人民币股票和债券相继被纳入全球主流股票指数和债券指数。

5. 拓宽对外直接投资渠道

改革开放初期，我国的国内储蓄和外汇储备都存在缺口。在此"双缺口"局面下，我国对于外商直接投资的态度是"宽进严出"的，在引进外资的同时限制对外投资。20世纪90年代，我国从"双缺口"变成"双过剩"，资本"走出去"势在必行。2001年，《国民经济和社会发展第十个五年计划纲要》正式提出"走出去"战略。2004年《国务院关于投资体制改革决定》出台，确立了对境外投资从审批制改为核准制。2009年，《境内机构境外直接投资外汇管理规定》推行外汇登记备案制度，为对外投资进行了松绑，并通过专项贷款等方式鼓励企业到境外投资，极大地激发了中国企业对外直接投资的积极性。

中国对外投资在全球外国直接投资中的影响力不断扩大。2021年末，中国对外直接投资存量27851.5亿美元，是2002年末存量的93.1倍，占全球外国直接投资流出存量的份额由2002年的0.4%提升至6.7%，排名由世界第25位攀升至第3位，仅次于美国（9.8万亿美元）、荷兰（3.4万亿美元）。中国对外直接投资存量前十位的国家（地区）分别是：中国香港、英属维尔京群岛、开曼群岛、美国、新加坡、澳大利亚、荷兰、印度尼西亚、英国、卢森堡。中国对外直接投资覆盖了国民经济所有行业类别，存量规模上千亿美元的行业有六个，分别是租赁和商务服务业、批发和零售业、金融业、制造业、采矿业、信息传输/软件和信息技术服务业；从流量上来看，2021年末，中国对外直接投资流量达到1788.2亿美元，是2002年的66倍，年均增长速度高达24.7%，排名由世界第26位攀升至第2位，仅次于美国（4031亿美元）。2021年，中国对外直接投资流量前十位的国家（地区）有中国香港、英属维尔京群岛、开曼群岛、新加坡、美国、印度尼西亚、德国、越南、澳大利亚、英国。中国对外直接投资流量涵盖了国民经济的 18 个行业大类，其中流向租赁和商务服务业、批发和零售业、制造业、金融业、交通运输／仓储和邮政业的投资均超过百亿美元。

9.1.3 人民币国际化的发展现状

1. 人民币跨境贸易使用的现状

环球银行金融电信协会（SWIFT）数据显示，人民币国际支付份额于 2021 年 12 月提高至 2.7%，超过日元成为全球第四位支付货币。人民币跨境收付金额合计为 36.61 万亿元，同比增长 29.0%。其中，实收 18.51 万亿元，同比增长 31.3%；实付 18.10 万亿元，同比增长 26.7%，收付比为 1∶0.98，净流入 4044.70 亿元，上年同期为净流出 1857.86 亿元。人民币跨境收付占同期本外币跨境收付总额的 47.4%，较 2020 年全年提高 1.2 个百分点。

2021 年，经常项目人民币跨境收付金额合计为 7.95 万亿元，同比增长 17.4%，其中收入 3.61 万亿元，同比增长 24.3%，支出 4.34 万亿元，同比增长 12.3%，净支出 7235.40 亿元。2021 年，经常项目人民币跨境收付占经常项目同期本外币跨境收付的比例为 17.3%。

2. 人民币跨境投资使用的现状

我国金融市场开放持续稳步推进，人民币资产对全球投资者保持较高吸引力，证券投资项下人民币跨境收付总体呈净流入态势。截至 2021 年末，境外主体持有境内人民币股票、债券、贷款及存款等金融资产金额合计为 10.83 万亿元，同比增长 20.5%。离岸人民币市场逐步回暖、交易更加活跃。截至 2021 年末，主要离岸市场人民币存款接近

1.50 万亿元。

2021 年，资本项目人民币跨境收付金额合计为 28.66 万亿元，同比增长 32.8%，其中，收入 14.89 万亿元，同比增长 32.9%，支出 13.77 万亿元，同比增长 32.1%，净流入 1.13 万亿元。直接投资、证券投资、跨境融资收付金额分别占资本项目收付金额的 20.2%、74.1% 和 5.6%。

3. 人民币国际储备使用的现状

根据国际货币基金组织（IMF）数据（如表 9-2 所示），截至 2021 年底，全球央行持有的人民币储备规模为 3372.60 亿美元，在全球储备资产中的占比为 2.61%，较 2016 年人民币刚加入特别提款权（SDR）时提升 1.80 个百分点。同期，美元占比为 54.85%，欧元占比为 19.21%，日元占比为 5.15%，英镑占比为 4.48%，人民币已成为全球第五大储备货币。

表 9-2　人民币在全球官方外汇储备资产占比（亿美元）

年份	人民币官方外汇储备规模	全球官方外汇储备总规模	占比
2016Q4	907.77	107205.11	0.85%
2017Q1	954.20	109075.39	0.87%
2017Q2	999.96	111279.10	0.90%
2017Q3	1081.55	113027.32	0.96%
2017Q4	1234.73	114523.18	1.08%
2018Q1	1456.68	116128.70	1.25%
2018Q2	1927.50	114758.56	1.68%
2018Q3	1926.36	114055.18	1.69%
2018Q4	2030.85	114326.00	1.78%
2019Q1	2122.64	116076.23	1.83%
2019Q2	2127.97	117358.53	1.81%
2019Q3	2138.27	116546.23	1.83%
2019Q4	2144.61	118223.12	1.81%
2020Q1	2203.32	117010.86	1.88%

（续上表）

年份	人民币官方外汇	全球官方外汇	占比
	储备规模	储备总规模	
2020Q2	2336.78	120123.49	1.95%
2020Q3	2474.44	122473.41	2.02%
2020Q4	2716.02	127005.14	2.14%
2021Q1	2933.18	125757.70	2.33%
2021Q2	3148.14	128042.02	2.46%
2021Q3	3212.65	128238.83	2.51%
2021Q4	3372.60	129184.99	2.61%

数据来源：IMF

2016 年人民币加入 SDR 货币篮子，是人民币国际化进程中具有里程碑意义的重大事件。2022 年 5 月，国际货币基金组织（IMF）将人民币在特别提款权（SDR）中的权重由 10.92% 上调至 12.28%，反映出对人民币可自由使用程度提高的认可。随之而来的是，境外中央银行类机构投资境内人民币金融资产以及民间持有人民币金融资产的意愿不断上升，人民币国际储备功能得以进一步体现。

9.2 货币国际化的经验借鉴

9.2.1 国际贸易推动的英镑国际化

英镑国际化的起步得益于其贸易的发展，而贸易的发展又得益于军事实力的强大。中世纪后的欧洲进入文艺复兴和向外探索的地理大发现时代，各国间经常爆发大大小小的战争。英国通过三次英荷战争成功地将"海上马车夫"荷兰拉下马，英国取而代之成为新的"海上霸主"，当时进入欧洲的货运船只能使用英国的船只或者输出国的船只。为了取得更大的贸易利益，英国企业大规模向海外直接投资，以获取外国的原材料供给和工业制品的市场。英国的生产资料基地和贸易市场横跨五大洋，"日不落帝国"实现了资本的原始积累。18世纪60年代，英国进入工业革命，领先的工业生产力极大提升了英国的经济实力。蒸汽机的发明和使用让英国建立起强大的工业体系，进而成为了"世界工厂"。英国一边低价地从世界各国进口原材料，一边又以高昂的价格向世界各国出口工业制品。贸易顺差带来了经济实力的快速增长，为主权货币的崛起提供了强大的物质基础。

君主立宪制奠定了英镑国际化的政治基础。欧洲在进入资产阶级之前的王权时代，经常出现国王不还钱或者改变利息的"流氓"事件。1688年，英国资产阶级的光荣革命推翻了封建制度，建立了以资产阶级和土地贵族联盟为基础的君主立宪制，从而成为世界上第一个资产阶级国家。资产阶级革命的产物《权利法案》中规定，国王不能随意侵犯国民财产，公民因而没有后顾之忧地向世界探索追求财富。1694年，英国率先通过法案建立了全球第一个中央银行——英格兰银行。英格兰银行很快就开始发行英镑，它的作用是代替黄金在市面上流通，将英镑与黄金挂钩从而确保其本质上拥有价值。黄金因其稀缺性，作为一种贵金属可以在世界范围内的任一政权下流通。

1816年，英国通过了《金本位制度法案》，以法律的形式确立了金本位制度。金本位制度的实质是，国家以国内黄金储备作为基准来发行货币。黄金持有人有权请求将生金铸造成金币，金币持有人也可以将金币熔化成金块。1821年，英国正式启动金本位制度，英镑成为英国的标准货币单位。伴随着《金本位制法》《黄金兑换条例》的颁布，英磅成为首个信用货币，实现英镑同黄金在固定比例下自由兑换的国家。1844年，英国颁布《银行特许法》，明确英镑汇率稳定性和可兑换是央行的责任，借此英国在海外积极建立殖民地开展对外贸易和对外投资，并从当地运回稀缺资源。并且，英国在殖民地国家设立货币发行局，垄断了货币发行权。由于当时英国是世界上经济最强大的国家，在金本位制度和庞大的国际贸易下，英镑自然而然地成为了通行世界的国际货币。

由于英镑是以等量的黄金为保证的，在英国政府严格以黄金为基础发行英镑以及保证英镑兑换黄金的条件下，各国采用英镑作为国际货币，虽没有给英国政府带来"铸币税"收益，但各国采用英镑从事国际结算是通过英国的金融机构进行的，英镑成为国际货币给英国的金融业带来巨大的商业利益。正因为英镑成为了国际货币，各国要进行英镑的结算和借贷，作为英国国内金融中心的伦敦就演变为国际金融中心。据统计，在20世纪初期，在国际贸易中大多数商品都是以英镑计价的，在国际结算中90%的结算都使用英镑。币值稳定与自由兑换的英镑促进了世界贸易有序而广泛地发展。

9.2.2 大宗商品促成的美元国际化

美国在两次世界大战中积蓄了强大的政治、经济和军事实力，凭借资本输出和商品输出，拥有接近全球一半的黄金储备，为美元取代英镑成为世界货币奠定了坚实的经济基础。恰逢国际政治经济体系重建，美国政府积极参与战后欧洲重建，提出扶持欧洲复兴的"马歇尔计划"，为美国获得了世界政治经济的主动权和话语权。美元在布雷顿森林体系时期与黄金挂钩，在布雷顿森林体系解体以后与石油挂钩，最终成为了国际普遍认可的世界货币。美元国际化具体可以分为以下三个时期：

第一个时期是布雷顿森林体系建立之前，美国专心致志发展国内经济。1776年的《独立宣言》宣告了美国的诞生，但直到南北战争结束后美国才形成统一的商品市场和货币体系。同时，美国抢抓第二次工业革命机遇，电磁和内燃机的应用使得国内工业化水平大幅提高，工业革命为美国奠定了强大的经济基础。到1929年，美国的工业总产值在世界总产值中的比重已经接近50%，美国成为世界第一工业强国，经济实力遥遥领先。两次世界大战期间，全球大部分国家都卷入战火当中，欧洲国家更是世界大战的主要参与国，英国在世界大战中经济实力被大幅削弱。美国依靠出口军需物资不断扩大对外贸易，经济实力得到进一步提升。同时，美国继续扩大对外投资和发放贷款，使得美元需求不断增加，兑换而来的黄金也充盈着其国库。但是，当时英国的对外贸易、对外借贷和对外直接投资在世界上仍然占有较大比例，英国伦敦作为国际金融中心，各国在国际经济活动中仍然习惯使用英镑来进行计价结算。由此可见，一个国家的货币国际化，除了要有雄厚的经济基础以外，还要拥有广泛的国际经济联系和完善的银行金融体系，使得各国能够方便、快捷和安全地使用该货币。

第二个时期是布雷顿森林体系时期，美元与黄金挂钩。1943年，美国推广"怀特计划"，获得了世界政治经济的主动权。1944年，40多个资本主义国家齐聚布雷顿森林召开国际金融会议，签订了《布雷顿森林协定》，成立了国际货币基金组织。1946年确定了美元与黄金的官方比价，布雷顿森林体系正式确立。经历第二次世界大战重创后，欧洲各国经济恢复需要大量的生产资料和货币支持，从而给美国对外贸易和对外投资提供了机会，两次世界大战成就了强势美元。美国多措并举，首先是看准时机推出"欧洲复兴计划"，向欧洲输入大量美元，自此之后美元地位一路高涨；其次，美国在亚洲推行"第四点计划"，扩大美元在亚洲的影响力；最后，先后成立了三大国际经济组织，国际货币基金组织（IMF）、世界银行（WB）、关税与贸易总协定（WTO），用制度体系巩固强化了美元作为国际货币的地位和作用。

第三个时期则是布雷顿森林体系解体以后，美元与石油挂钩。20世纪70年代，美国国际收支失衡问题日益严重，美国政府宣布美元与黄金脱钩。1973年，随着各国货币对美元汇率浮动，布雷顿森林体系的固定汇率制度解体。但是，在布雷顿森林体系下，几乎所有的大宗商品都用美元计价，几乎所有的国际经济活动都用美元结算，这种格局在布雷顿森林体系解体以后仍然延续了下来。1973年，美国派出基辛格与沙特等主要产油国签订协议，美国为沙特等主要产油国提供军事保护和技术援助，条件是他们所有的石油交易都要用美元结算。这不仅使得美国从经济滞胀中走出来，还重振了美元的国际信用。1976年4月，国际货币基金组织理事会通过了《IMF协定第二修正案》，从而形成了牙买加体系。牙买加体系实行浮动汇率制度的改革，各国货币发行不再受到黄金储备的约束，德国马克、日元等货币也逐渐成为国际储备货币，国际货币体系向多元化发展。

9.2.3 从区域走向全球的欧元国际化

欧元作为最年轻的国际储备货币和超主权货币，是建立在欧盟经济一体化基础之上的。欧盟各国以符合欧洲各国政治经济共同利益为基础，探索出一条新的货币国际化道路。从政治原因来看，欧洲自"二战"后衰落，为了增强自身的国际影响力，欧洲人认识到合作与联合的重要性；从经济原因来看，建立经济与货币联盟能够促进资本、技术、劳动力的自由流动，提高资源配置效率和地区的国际竞争力。

欧元区的建立是从关税同盟开始的，用以解决各个国家间贸易往来的问题。"二战"后，在布雷顿森林体系下，欧洲对北美洲的贸易长期保持巨幅逆差，到了 20 世纪 50 年代，欧洲对北美洲的出口也未达到对其进口的一半。为了解决上述问题，1950 年欧洲国家在马歇尔计划的框架内构建了欧洲支付同盟（EPU）。该同盟是欧洲经济合作组织进行国际结算的机构，仍算不上真正意义上的货币合作。1951 年，法国、意大利、比利时、荷兰、卢森堡和西德六国在巴黎签订《欧洲煤钢共同体条约》，建立煤钢单一共同市场，取消关税限制。这是欧元区建立的开端，其目的是促进区域内商品自由流动。1957 年，《罗马条约》确立了欧洲经济共同体的基本架构。1961 年，美国在越南战争中耗费大量的军事支出，其又通过滥发美元进行货币扩张，欧洲货币市场上出现了抛售美元、抢购黄金的热潮。外汇汇率的不稳定，致使欧洲地区蒙受巨额损失。1965 年，法国、联邦德国和意大利等六国签订《布鲁塞尔条约》，决定组成欧洲共同体。伴随着布雷顿森林体系的瓦解，美元在欧洲的影响力逐步被马克所替代，马克迅速发展成为全球第二的储备货币。

1969 年 3 月，欧洲共同体在海牙首脑会议确定了建立"欧洲经济货币联盟"（EMU）的目标。同年"欧元之父"蒙代尔撰写出版《欧洲货币案例分析》和《欧洲货币规划》，为欧洲建立共同货币体制提供了理论构想。1970 年 10 月，"维尔纳计划"提出实行单一货币、建立欧洲中央银行等目标，使得欧洲单一货币建设迈出了第一步。20 世纪 70 年代，由于布雷顿森林体系的紊乱和两次石油危机的冲击，国际货币体系出现动荡。1973 年 4 月 3 日，欧洲货币合作基金（EMCF）正式成立。1979 年 3 月 13 日，欧洲货币体系（EMS）正式成立，创设了欧洲货币单位（ECU）、欧洲汇率机制（ERM）和欧洲货币合作基金。1990 年，德国柏林墙被推倒，欧洲联合的政治障碍得以解决。1992 年 2 月 7 日，欧洲共同体 12 国首脑在荷兰签署了欧洲货币联盟的纲领性文件《马斯特里赫特条约》，对欧洲实现单一货币的措施和步骤做出具体安排。1993 年，《马斯特里赫特条约》生效，宣告着欧盟的正式诞生。

1997 年，欧洲中央银行体系在欧盟主导下正式形成。1998 年 5 月，布鲁塞尔会议确认了欧元创始国家、欧洲中央银行的行长以及各成员国间货币与欧元汇率。1998 年 6 月 30 日，欧洲中央银行正式运作。1999 年 1 月 1 日，欧元正式发行，取代了 12 个国家的货币成为欧元区内唯一的流通货币。这 12 种被取代的货币包括：德国马克、法国法郎、比利时法郎、卢森堡法郎、意大利里拉、荷兰盾、西班牙比塞塔、葡萄牙埃斯库多、希腊德拉马克、奥地利先令、芬兰马克。2002 年 1 月 1 日零时，欧元正式流通。欧元自问世以来，国际地位稳步提高，但仍然难以撼动美元的主导地位，部分原因在于货币联盟内的各国面临的经济环境各不相同，货币政策难以协调。

9.2.4 金融自由化推动的日元国际化

第二次世界大战期间，日本经济遭受毁灭性打击，但因其在亚太地区的地理位置独特而受到了美国的经济援助。1948 年，美国国家安全委员会通过 13 号法案决定帮助日本加快经济复苏。1964 年，日本实现经常项目可兑换，助推日本经济贸易快速发展。在 1955 年至 1973 年间，日本经济保持年均 10% 以上的增长，再次成为亚洲经济的"头雁"。日本依靠制造业起步，但由于世界货币结算具有历史惯性，国际贸易仍然多用美元作为结算货币。并且，日本制造业多从事产业链中游的生产，较少涉及成品因而难以获得最终结算权。因而，日元较少发挥贸易计价和交易媒介的职能，与其作为全球第二大经济体的经济体量是不匹配的。

起初，日本政府担心国际化对国内经济和金融产生冲击，对日元国际化持犹豫消极的态度。由于布雷顿森林解体和日本的贸易顺差，世界各国逐步出现了日元需求。自1978年起，日本政府才逐步开始重视日元国际化，提出了"正视日元国际化，使日元和西德马克一起发挥国际通货部分补充机能"的方针。1980年2月，日本修改《外汇法》，实现了资本项目可自由兑换。1984年5月，"日元—美元委员会"就日本金融自由化、日元国际化以及外国金融机构进入日本金融市场等问题发布了《日元—美元委员会报告书》。同时，日本大藏省发布了《关于金融自由化、日元国际化的现状与展望》。两份政府公告的发布被视为日本政府正式启动日元国际化的标志。此后，日本放宽非居民部门发行欧洲日元债券的条件，废除日元与外币的兑换限制，设立东京离岸金融市场等措施，以推进日元国际化。

由于日本长期的贸易顺差，日本和美国在贸易领域的摩擦不断增多，美国将本国的贸易赤字归因于低估的日元。1985年，美、日、英、法和联邦德国各国的财政部长和央行行长签订《广场协议》，决定联合干预外汇市场，使美元兑其他货币有秩序地贬值。日元升值导致其出口不再占有优势，作为日本经济支柱的外贸遭受打击。日本政府为了阻止日元进一步升值和提振经济，采取了宽松的货币政策和积极的财政政策，由此推动了房地产、股市等资产价格的快速上涨。1989年，日本央行意识到金融风险，金融政策由松到紧的急剧转向，刺破了房地产和股市泡沫。日本在 90 年代的泡沫破灭后，日本经济长期低迷，日元国际化由盛转衰。

日本政府在日元国际化过程中出现了一系列战略性失误。一是错失推动本币国际化的有利时机。第二次世界大战后，日本经济实力迅速提升，强大的工业生产力为日本带来了长期贸易顺差，积累了大量的外汇储备。布雷顿森林体系解体为日元国际化带来良好机会，日本没有抓住国际货币体系多元化发展的有利时机，积极地推进日元国际化。二是在面对美国的外部压力时，选择妥协忍让。《广场协议》打击了日本的外贸经济，滋生了房地产和股市等资产泡沫。三是日本金融政策在应对资产泡沫时急剧转向，造成了房地产泡沫和股票市场的剧烈震荡，导致日本经济陷入了长期萧条。

9.2.5 经验启示

历史经验表明：首先，经济实力是货币国际化的决定性条件。英镑和美元都是以世界强国的经济实力和广泛的国际经济联系而成了不同时期的国际货币。不同的是，英国通过国际贸易推进英镑国际化，而美国则以全球大宗商品为基石推进美元国际化。除了背靠强大的经济实力，货币国际化还需要广泛密切的国际贸易往来和发达开放的金融体系，构建形成健康循环的国际资金流，实现自身货币汇率的平稳运行。

其次，国际货币体系具有惯性和路径依赖，各国在推进货币国际化时需要有历史耐心。英国、美国、欧盟在强大自身经济实力的同时，有步骤地扩大自身货币在国际贸易和国际金融领域的使用范围，有重点地逐步从区域走向全球。反观日本，日元在国际贸易领域的使用率仍然较低的情况下，贸然地快速实施金融自由化，不仅没有区域性货币的基础，而且造成了资产泡沫的急剧破裂和经济萎靡。

最后，政府推动是货币国际化的重要因素。在英镑、美元和欧元货币国际化的过程中，政府发挥着积极的推动作用。一方面，政府制定货币国际化的战略目标，把握历史机遇主动积极地顺势而为；另一方面，政府创造良好的国际政治经济条件，为本币的国际化扫清障碍。例如，美国政府通过二战后对欧洲的经济援助，推动美元国际化。

9.3 人民币国际化的实现路径

人民币国际化是指人民币不仅在国内执行货币的职能，而且在国际上执行货币的职能，即人民币的计价单位、交易媒介、价值储藏功能向国际范围延伸，逐步在国际贸易、金融投资和外汇储备领域中被广泛使用。人民币国际化不仅需要我国具有雄厚的经济基础、广泛的国际经济往来、完善的金融市场体系，还需要有历史耐心，主动积极地营造良好的国际经济政治环境，把握机遇稳妥地推进人民币国际化。

第一，推动经济高质量发展。从货币国际化的国际经验来看，国家综合经济实力是人民币国际化的决定性因素。在推动人民币国际化的进程中，必须聚焦于推动经济高质量发展，为人民币国际化打下坚实的物质技术基础。当前，我国经济发展的外部环境更趋复杂严峻，中国经济发展面临增长速度换挡期、结构调整阵痛期和前期刺激政策消化期的三重压力，唯有经济高质量发展才能让中国经济行稳致远。高质量发展是体现新发展理念的发展，是创新成为第一动力、协调成为内生特点、绿色成为普遍形态、开放成为必由之路、共享成为根本目的的发展。为此，我们必须深入实施创新驱动发展战略，加快建设现代化产业体系，不断塑造发展新动能新优势，推动经济实现质的有效提升和量的合理增长。

第二，加强区域经贸合作。人民币国际化进程中，广泛而密切的经济往来是人民币国际化的根本途径。人民币国际化需要把握《区域全面经济伙伴关系协定》（RCEP）和"一带一路"的发展机遇，持续扩大人民币在区域贸易、直接投资和证券投资等领域的跨境使用。RCEP和"一带一路"将极大促进区域内原材料、产品、技术、人才、资本、信息和数据等生产要素的自由流动，推动逐步形成更加繁荣的区域一体化大市场，是人民币从区域化最终走向国际化的现实路径。我们要立足国内优势，加速区域内资源整合及产业合作，引导鼓励大宗商品计价结算中优先使用人民币，扩大人民币国际使用范围和世界影响力。

第三，深化离岸人民币市场建设。人民币国际化需要渐次开放资本账户，稳步推进人民币可自由兑换。离岸人民币市场为人民币国际化提供重要战略缓冲区。在我国没有完全放开资本项目的背景下，离岸人民币市场不仅可以提高人民币在境外贸易中的便利性，还可以满足境外市场对人民币资产的投融资需求。另外，离岸人民币市场与在岸金融市场具有风险隔离性，我们可以在离岸市场上进行金融创新实验，渐进有序地推进资本项目开放。深化离岸人民币市场建设，我们要进一步扩大国际贸易人民币结算，推出更为丰富的人民币计价金融产品，不断提高人民币在国际贸易和金融投资中的便利性。

第四，有序推进金融市场开放。人民币国际化必须以发达开放的金融体系为支撑，但金融市场的开放程度需要根据国内金融市场的发展水平来定，切不可罔顾国内金融发展水平，贸然地快速推进金融自由化，重蹈日本的覆辙。一方面，我们要保持稳健增长的宏观经济，协同推进利率市场化和汇率市场化，理顺国内金融市场体系；另一方面，我们要遵循先流入后流出、先直接投资后证券投资、先机构后个人的基本原则有序开放资本账户，把握历史机遇主动积极地稳步推进人民币国际化。此外，我们要加快完善推广人民币跨境支付系统（CIPS），支持实体经济发展和人民币国际化战略实施，满足全球用户的人民币跨境支付清算业务需求。

第五，完善金融监管体系。随着我国人民币国际化向纵深推进，跨境资本流动日益庞大，大规模的资本流动可放大经济波动，国内国际金融双循环共振加速效应增大。在推进人民币国际化的过程中，金融监管是我国防范人民币跨境流动冲击的防火墙。首先，我们要善用大数据、云计算和人工智能等金融科技对微观金融行为和跨境资本流动动态进行实时监测和智能分析，提升我国金融监管效率。其次，不断丰富跨境资本管理工具箱，根据宏观经济形势和跨境资本流动情况进行宏观审慎管理，维护跨境资本流动的平稳有序。最后，及时发布权威的经济数据和宏观政策，稳定国内外投资者的经济发展预期，防止跨境资本流动的"羊群效应"。

第十章

结语

　　当前，我国人民币正处于市场化和国际化的快速发展期，人民币汇率关系着国家宏观经济的健康运行和市场微观主体的投资决策。这一方面给我国经济发展带来新的机遇，有利于我国更加有效的配置国内、国外两个市场和两个资源；另一方面也使得我国宏观经济形势变得更为复杂多变，更容易受到外部的冲击和传染。本文基于噪声交易的市场微观结构视角，采用理论建模和实证研究相结合的研究方法，多方面全方位地考察人民币汇率演化的运动规律和央行干预效果，总结分析外汇市场化改革与货币国际化的国际经验教训，提出我国有序推进人民币外汇市场化改革和人民币国际化进程中应该遵循的基本原则、方法步骤和注意事项，为监管部门完善人民币汇率形成机制和提高我国人民币汇率管理的科学性提供有益参考。

10.1 研究结论

　　传统的人民币汇率研究基于宏观经济模型，无疑有益于人民币的长期运动规律的研究，然而对汇率的短期运动的解释力极其有限，引致众多的汇率之谜。随着人民币汇率市场化改革的不断深化，人民币外汇市场日益成熟，市场参与者异质性显著提高，本书基于噪声交易的市场微观结构视角，在深入分析人民币外汇市场微观结构的基础上，采用理论建模和实证研究相结合的研究方法，多方面全方位地考察人民币汇率运动规律和央行干预效果，得到以下结论：

第一，结合人民币市场微观结构特征，以噪声交易视角构建了一个市场中的基本面交易者和噪声交易者两类外汇投资者的比例随着市场的波动率程度而调整变化的人民币汇率演化模型。研究结果表明，不同的初始条件、市场参与者的行为特征和外部经济环境条件（包括噪声交易者和基本面交易者的初始比例、交易强度和做市商的价格调整速度）共同决定了汇率偏离基本面汇率的位置和具体运动轨迹。当汇率基本面受到重大的外部冲击时，噪声交易者的比例上升，噪声交易者的交易强度变大，同时基本面交易者的力量相对较弱，做市商的价格调整系数变大，最终导致人民币汇率过度反应，汇率的运动轨迹不断偏离汇率的基本面价值。而当外部冲击的大小在一定范围内时，人民币汇率会温和地最终趋向汇率的基本面价值。这也就解释了汇率超调之谜和非线性之谜产生的机制。

第二，将央行干预引入人民币汇率演化模型中，研究结果表明，人民币交易价日波动区间的扩大，有助于增强汇率的弹性，客观上增大了汇率的波动率，为噪声交易者的存在创造了空间，增大了汇率的无序波动的风险，这是扩大汇率波幅的成本。但是，人民币交易价日波动区间的扩大，有利于提高汇率波动的灵活性，有利于其寻找自身的基本面汇率，最终实现对国内、国外两种资源的有效配置。短期内，央行干预能影响汇率的瞬间均衡汇率，但从长期来看，汇率的运动轨迹会回归基本面汇率。同时，不同外汇市场状况下，央行干预使得汇率收敛于基本面汇率的条件各不相同。因而，只要央行适度干预和有效引导，将人民币汇率的波动率控制在一定范围之内，汇率会最终收敛于基本面价值。

第三，本书根据我国中间价和外汇市场交易价浮动幅度等外汇市场特征构建符合我国人民币外汇市场微观结构的噪声交易者模型，利用人民币汇率自 2014 年 3 月 18 日扩大交易价浮动幅度以来至 2015 年 3 月 18 日的一年的人民币汇率演化过程。估计结果显著支持我国人民币汇率基本面交易机制和噪声交易机制两机制转换的 MS–AR（2）模型。实证研究发现，两机制均表现出一定的持续性，特别是基本面交易机制的持续性尤为突出，持续时间约为 7.04 天，约 3 倍于噪声交易机制。噪声交易机制具有剧烈的波动性，其波动性约 4 倍于基本面交易机制。人民币汇率处于基本面交易机制时，人民币汇率主要受中美的隔夜利率差（$r_{t-1} - r_{t-1}^{*}$）的基本面因素影响，人民币汇率已具有一定弹性。当人民币汇率处于噪声交易机制时，人民币汇率主要受汇率的过去趋势和即期汇率与中间价汇率的边界效应的噪声因素影响。人民币汇率在离中间价 1.09% 的区间内，噪声交易机制具有综合的负反馈作用。这恰恰表现了我国保持人民币汇率在合理、均衡水平上的基本稳定的外汇管理目标；而在突破 1.09% 的区间后，人民币汇率具有综合的正反馈作用，市场出现传统的"追高杀跌"的跟风行为。此外，平滑转换概率较准确地展示了汇率在各时点所处不同机制的概率，较好地刻画了人民币汇率的演化特征和转换规律。

第四，本书运用时变参数的向量自回归模型实证研究人民币外汇市场央行干预的短期效果；然后在噪声交易视角框架下，使用时变转换概率模型实证研究人民币外汇市场央行干预的长期效果，从现实的汇率数据探寻实际的人民币外汇市场央行干预的效力。实证结果表明，从日数据来看，在不同时间点，由于外汇市场条件有所不同，人民币汇率对央行干预冲击的脉冲响应具有时变性。从月度数据来看，央行干预项的参数不显著，央行干预对汇率运动的影响不明显。正如前文央行干预下的人民币汇率演化模型的理论分析所示，长期来看，汇率的运动轨迹会回归汇率的基本面汇率，央行的干预是无效的。Dominguez（2006）的实证研究也表明市场交易者对央行干预在时间上的反应不同。在一天的时间长度上，外汇干预对汇率的汇率波动有影响的，但是从长期来看，没有证据表明央行干预对汇率有影响。

第五，汇率市场化改革要坚持以自主性、可控性和渐进性为基本原则，渐次推进固定汇率—爬行钉住一篮子货币—放宽浮动区间—完全浮动汇率制度的改革步骤，并以锚定通货膨胀作为首要货币政策目标，维护一国货币的价值基本面和市场公信力，在汇率制度改革的过程中密切关注资产价格的变化，还要注意保持汇率市场化与利率市场化和资本项目的开放协同并进。麦金农的金融自由化四阶段理论认为，金融自由化的顺序为财政—货币—外贸—汇率，良好的财政收支状况、稳定的宏观经济基本面和物价水平是汇率制度改革开放的经济基础；进而推动国内利率市场化改革，放松对于国内利率的管制；再而积极推进汇率市场化、经常性账户开放和贸易自由化；最后，推动资本账户的有序开放。

第六，跨境资本管理需要充分发挥跨境资本宏观审慎管理和资本管制的比较优势，维护跨境资本流动的平稳有序。跨境资本能够促进经济增长，但同时也具有很强的顺周期性和跨区域传染性的特征。在经济的繁荣时期，跨境资本大量流入，容易造成国内信贷扩张，引发金融资本与实体经济脱节，导致金融泡沫的顺周期膨胀扩大。当经济放缓时，跨境资本的突然停止流入甚至逆转流出，容易引起信贷收缩、资产价格暴跌和外汇贬值的恶性循环，导致货币危机的发生。跨境资本宏观审慎管理通过改变境内借款者向境外贷款所面临的实际利率，提高境内借款人的融资成本，遏制其过度借贷，起到减少金融负债数量和风险的作用；而资本管制通过阻断境内居民与非居民间的金融交易，隔离国内和国际金融市场。相对而言，跨境资本宏观审慎管理更为常态化地持续管理跨境资本，旨在通过减少境外金融负债和逆周期调节来防范化解跨境资本风险，但是存在一定的时滞；资本管制则具有较强的强制性特征，能够快速高效地应对跨境资本的破坏性流入或急剧流出。

10.2 政策建议

第一，在汇率制度改革方面。其一，良好的宏观经济基本面是汇率制度改革的基础。如果一国拥有良好的经济基本面，即使改革过程中出现曲折反复，汇率制度改革的进程亦会较为平稳。在货币价值调整的过程中，推动产业结构优化升级，促进经济的持续健康增长，为汇率制度改革创造一个扎实牢固的经济基础。其二，坚持汇率制度改革的自主性和可控性。汇率制度改革应坚持以我为主，根据宏观经济形势的变化，因时而动、恰如其分地推进汇率制度改革，保持汇率制度改革中的自主性和可控性。其三，汇率制度改革中锚定通货膨胀，维护货币价值的基本稳定。盲目调节货币供应量，会导致一国货币失去价值参考性，破坏货币公信力。因此，要协同推进汇率市场化和利率市场化，维护公众对于货币价值的信心。其四，保持汇率的适度弹性和基本均衡。在国家经济迅速发展的过程中，固定汇率制度无法实现一国金融经济的均衡稳定。因此，即使是在实行浮动汇率制度前，要适时把握时机调整汇率水平，保持汇率水平的适度弹性和基本均衡。僵化的汇率制度会错失调节内外均衡的工具，造成国际收支的失衡，进而可能导致经济危机，更谈不上汇率市场化改革了。其五，采取渐进的方式稳步实现汇率制度改革。渐进的汇率制度改革一方面可以兼顾利率市场化和资本项目开放的协同并进，另一方面可以让市场参与者渐进地适应汇率的市场化波动。过快的改革过程容易导致汇率的大幅波动，酿成经济危机。因此，在汇率市场化的过程中应注重改革的节奏与力度，做到渐进而稳步。

第二，在人民币外汇市场建设方面。其一，若想汇率较为健康平稳地运行，从根本上来说，需要整个宏观经济较为健康有序地运行。因而，需要密切监测整个宏观经济面的经济运行状态，研究分析宏观经济运行中可能存在的风险和隐患，及时化解和降低风险，避免任由其发展成为重大的基本面风险，从而确保汇率最终收敛于基本面汇率。随着我国资本项目的渐进开放，我们不仅需要关注国际收支平衡表、进出口贸易数据，还要密切关注金融账户中的证券投资和其他投资、金融机构持有的外汇。在大规模跨境资金流动的时期，还要防范跨境资本通过虚假贸易渠道、隐藏在净误差和遗漏项中的灰色渠道逃避监管。其二，在外汇交易市场微观制度建设上，应注意设计预期指导窗口和设置噪声交易者的投机门槛和成本，从而在制度上确保人民币汇率的健康运行。其三，实证结果表明，当人民币汇率处于基本面机制时，人民币汇率主要受中美的隔夜利率差的基本面因素影响。因此，我国应该注重利率和汇率的联动关系，从货币政策的角度来管理汇率水平。

第三，在跨境资本管理方面。其一，跨境资本管理框架需适时调整，以优化跨境资本结构为重点，优先引入外商直接投资和股权等外部性较低的长期资本，降低金融危机发生的概率和成本。跨境资本管理框架的设计需要因国而异，即使同一个国家也要根据金融开放的不同阶段及时调整跨境资本管理组合。其二，不断丰富跨境资本管理工具箱，必要时采取资本管制措施。跨境资本流入不仅有合法渠道还有灰色渠道，跨境资本管理应该因形就势地不断丰富管理工具，构建跨境资本逆周期调节体系。其三，健全货币政策和跨境资本管理政策的双支柱调控框架，加强政策工具之间的协调与配合。加强政策工具之间的协调与配合，实现跨境资本有序流动、货币政策有效和有管理的浮动汇率制的综合优势。第四，强化信息披露和预期引导。面对日益复杂的国内国际形势，宏观经济的不稳定性、不确定性较大，强化信息披露和预期引导显得尤为重要。因此，应及时发布权威的经济数据和宏观政策，防止跨境资本的"羊群效应"所造成的金融外部性，维护跨境资本流动的平稳有序。

第四，在央行干预方面。随着我国外汇市场化改革的深入，央行退出常态化干预，国际资本流动更为便利，人民币汇率的定价更为市场化，央行干预对人民币汇率的长期作用下降。因此，从根本上来说，最好的央行干预，就是功夫在平时的外汇市场建设，按照市场化、法治化、国际化原则不断完善人民币外汇市场。过于频繁的央行干预，甚至会造成市场信号的紊乱，也就失去了市场配置资源的应有之义。当然，市场也存在失灵的时候，必要时我们仍然需要采用央行干预等应急措施。从央行干预的短期效果来看，央行干预措施需要根据当时的外汇市场条件来选择干预方案。当汇率越来越偏离基本面汇率时，央行应采取干预措施，例如通过外汇市场的直接干预、信息披露和预期管理等市场引导措施，熨平汇率的过度波动，使得做市商的价格调整速度和噪声交易者的比例下降；通过调整外汇交易规则，提高噪声交易者投机成本，从而降低噪声交易者的交易强度，最终使得人民币汇率收敛于其基本面价值。最后，要注意及时控制住人民币汇率对比中间价的偏离幅度，从而保证人民币汇率在合理、均衡水平上的基本稳定。因为在噪声交易机制时，人民币汇率对中间价的偏离幅度在突破一定区间后会加剧汇率波动。

第五，在人民币国际化方面。其一，国家综合经济实力是人民币国际化的决定性因素。在推动人民币国际化的进程中，必须聚焦于推动经济高质量发展，为人民币国际化打下坚实的物质技术基础。其二，加强区域经贸合作是人民币国际化的根本途径。人民币国际化需要把握 RCEP 和"一带一路"的发展机遇，持续扩大人民币在区域贸易、直接投资和证券投资等领域的跨境使用。其三，深化离岸人民币市场建设。离岸人民币市场为人民币国际化提供重要战略缓冲区。在我国没有完全放开资本项目的背景下，离岸人民币市场不仅可以提高人民币在境外贸易中的便利性，还可以满足境外市场对人民币资产的投融资需求。其四，人民币国际化必须以发达开放的金融体系为支撑。我们要理顺国内金融市场体系，遵循先流入后流出、先直接投资后证券投资、先机构后个人的基本原则有序开放资本账户，把握历史机遇主动积极地稳步推进人民币国际化。其五，金融监管是我国防范人民币跨境流动冲击的防火墙。我们要善用大数据、云计算和人工智能等金融科技，不断丰富跨境资本管理工具箱，及时发布权威的经济数据和宏观政策，提升我国金融监管效率，维护跨境资本流动的平稳有序。

第六，在金融科技应用方面。随着大数据、云计算、人工智能和区块链为代表的金融科技的兴起，数字人民币应运而生。数字人民币是人民币未来发展的必然趋势。从 2014 年起，中国人民银行开始成立专门团队对数字货币进行专项研究，积极审慎推进数字人民币发展。2015 年 10 月 8 日，人民币跨境支付系统（CIPS）上线。截至 2022 年 1 月末，CIPS 在全球共有 1280 家参与者，覆盖全球 103 个国家和地区，占全球支付中 3.2% 的比例。但是，相比于环球银行金融电信协会（SWIFT）支付系统 200 多个国家和地区、11000 家参与机构、美元 39.92% 的全球支付占比，CIPS 与 SWIFT 间仍有较大差距。一方面，金融科技不仅可以改进金融运营方式、提升金融服务效率和品质、降低金融服务成本，也为我国推动人民币国际化战略带来了极佳的历史机遇。我们应在"一带一路"建设、东盟自由贸易区、亚洲基础设施投资银行以及区域全面经济伙伴关系协定（RCEP）等场景中积极开展数字人民币应用试点，为人民币国际化探索有效路径。另一方面，我们还要善用金融科技进行金融监管和风险防范。运用大数据、云计算和人工智能等金融科技进行全面的实时监测不仅可以有效监测通过灰色渠道流动的隐秘的地下资金，提升我国金融监管效率，还可以助力政府打击洗钱、逃税以及电信网络诈骗等违法犯罪行为。

10.3 研究展望

第一，随着人民币国际化的推进和离岸人民币市场规模的日益扩大，离岸人民币市场的地位和作用日益重要。离岸人民币市场将对在岸人民币市场产生深刻的影响。离岸人民币市场的发展一方面能助推人民币国际化，另一方面也可能加剧在岸人民币市场的波动性。在岸人民币市场和离岸人民币市场在即期汇率、远期汇率的交互关系和作用机制错综复杂。因此，关于离岸市场和在岸市场的作用机制的理论建模和实证研究是人民币汇率演化机制研究的未来研究方向之一。

第二，本书研究由于数据获得性的限制，未能做更多有趣的实证研究，如央行的干预成本、外汇市场化深度与外汇买卖差价，人民币外汇市场指令流的信息成分的研究等。随着市场参与主体有序扩大，外汇市场产品日益丰富，外汇市场交易的活跃度和多元化需求进一步提升，人民币外汇市场将呈现新的特点。与时俱进地研究人民币汇率演化的微观机制，对人民币国际化研究和人民币外汇市场建设均具有重要的理论意义和现实价值。

第三，外汇电子交易系统使得外汇交易纯粹依靠外汇智能交易系统进行程序化交易成为可能。外汇智能交易系统交易员只需设计交易策略和软件程序进行自动化外汇交易，观察和根据市场交易状况的变化调整交易策略和参数。交易员在外汇交易过程中容易受市场情绪及个人特质的影响，而外汇智能交易系统则能有效避免非理性的情绪化交易。研究外汇智能交易系统对人民币市场流动性和汇率波动特征的影响，是人民币汇率演化机制研究的前沿阵地，具有重大的现实意义和理论价值。

第四，日渐完善的外汇市场更多的是运用跨境资本宏观审慎管理措施，对跨境资本流动进行常态化的逆周期调节，降低系统性金融风险。跨境资本宏观审慎管理在中国仍是新兴事物，特别是结合我国的汇率制度特点，研究跨境资本宏观审慎管理与货币政策的协调配合，对于健全货币政策和跨境资本流动管理政策的双支柱调控框架，具有重大的时代价值。

第五，数字人民币是人民币国际化的助推器。数字人民币的发行首先对国内支付体系、货币需求、货币创造和货币政策传导等产生影响。随着中国经济实力和国际贸易金融开放度的提升，数字人民币的跨境支付结算体系建设的不断推进，水到渠成地为数字人民币走向世界提供坚实的经济基础和技术支撑。只有加强数字人民币的汇率演化机制规律的理论研究和模拟分析，才能更好地为数字人民币国际化提供政策建议。

参考文献

1.Adler G, Tovar C E. Foreign exchange interventions and their impact on exchange rate levels[J]. Monetaria, Centro de Estudios Monetarios Latinoamericanos, 2014,2(1):1–48.

2.Admati A R, Pfleiderer P. A theory of intraday patterns: Volume and price variability[J]. Review of Financial Studies, 1988,1(1):3–40.

3.Akram Q F, Rime D, Sarno L. Arbitrage in the foreign exchange market: Turning on the microscope[J]. Journal of International Economics, 2008,76(2):237–253.

4.Alfarano S, Lux T. A noise trader model as a generator of apparent financial power laws and long memory[J]. Macroeconomic Dynamics, 2007,11(S1):80–101.

5.Almekinders G J, Eijffinger S C. A friction model of daily Bundesbank and Federal Reserve intervention[J]. Journal of Banking & Finance, 1996,20(8):1365–1380.

6.Aoki K, Benigno G, Kiyotaki N. Monetary and financial policies in emerging markets[J]. Working paper, London School of Economics, 2016.

7.Ahnert T, Forbes K, Friedrich C, et al. Macroprudential FX regulations: shifting the snowbanks of FX vulnerability?[R]. National Bureau of Economic Research, 2018.

8.Aiyar S, Calomiris C, Wieladek T. Does Macro–Prudential Regulation

Leak? Evidence from a UK Policy Experiment[J]. Journal of Money, 2014,46(1):181–214.

9.Aguirre Á, Bauducco S, Saravia D. Capital flows, macroprudential policies and capital controls[J]. Series on Central Banking Analysis and Economic Policies, no.26, 2019.

10.Asiedu E, Lien D. Capital Controls and Foreign Direct Investment[J]. World Development, 2004,32(3):479–490.

11.Bacchetta P, Van Wincoop E. Can information heterogeneity explain the exchange rate determination puzzle?[J]. American Economic Review,2006,96(3):552–576.

12.Bacchetta P, Van Wincoop E. Incomplete information processing: A solution to the forward discount puzzle[J]. Federal Reserve Bank of San Francisco Working Paper,2006(2006–35).

13.Bask M, Fidrmuc J. Fundamentals and technical trading: behavior of exchange rates in the CEECs[J]. Open Economies Review, 2009,20(5): 589–605.

14.Bauer C, De Grauwe P, Reitz S. Exchange rate dynamics in a target zone—a heterogeneous expectations approach[J]. Journal of Economic Dynamics and Control, 2009,33(2):329–44.

15.Herz, Bernhard and Bauer, Christian, Technical Trading and the Volatility of Exchange Rates[J].Quantitative Finance, 2004,4(4):399–415.

16.Beine M, De Grauwe P, Grimaldi M. The impact of FX central bank intervention in a noise trading framework[J]. Journal of Banking & Finance, 2009,33(7):1187–1195.

17.Beine M, Janssen G, Lecourt C. Should central bankers talk to the foreign exchange markets? [J].Journal of International Money and Finance, 2009,28(5):776–803.

18.Benigno G, Benigno P. Exchange rate determination under interest rate rules[J]. Journal of International Money and Finance, 2008,27(6): 971–993.

19.Berger D W, Chaboud A P, Chernenko S V, Howorka E, Wright J H. Order flow and exchange rate dynamics in electronic brokerage system data[J]. Journal of International Economics, 2008,75(1):93–109.

20.Bhattacharya U, Weller P. The advantage to hiding one's hand: Speculation and central bank intervention in the foreign exchange market[J]. Journal of Monetary Economics, 1997,39(2):251–277.

21.Blanchard O, Adler G. Can Foreign Exchange Intervention Stem Exchange Rate Pressures from Global Capital Flow Shocks? [R].National Bureau of Economic Research, 2015.

22.Boyer R S. Optimal foreign exchange market intervention[J]. The Journal of Political Economy, 1978:1045–1055.

23.Breedon F, Vitale P. An empirical study of portfolio–balance and information effects of order flow on exchange rates[J]. Journal of International Money and Finance, 2010,29(3):504–524.

24.Brock W A, Hommes C H. A rational route to randomness[J]. Econometrica: Journal of the Econometric Society, 1997:1059–1095.

25.Buncic D, Piras G D. Heterogeneous agents, the financial crisis and exchange rate predictability[J]. Journal of International Money and Finance,

2016,60:313-359.

26.Benigno G, Chen H, Otrok C, Rebucci A, Young E R. Financial crises and macro-prudential policies[J]. Journal of International Economics, 2013,89(2):453-470.

27.Beirne J, Friedrich C. Macroprudential policies, capital flows, and the structure of the banking sector[J]. Journal of International Money and Finance, 2017:47-68.

28.Bianchi J. Overborrowing and systemic externalities in the business cycle[J]. American Economic Review, 2011(7):3400-3426.

29.Bluedorn J, Duttagupta G, Guajardo J, Topalova P. Capital flows are fickle: Anytime, anywhere[R]. IMF Working Paper, 2013.

30.Boar, Codruta, Gambacorta, Leonardo, Lombardo, Giovanni, Da Silva, Luiz A P. What are the effects of macroprudential policies on macroeconomic performance?[J]. BIS Quarterly Review, 2017(9).

31.Bruno V, Shim I, Shin H S . Comparative assessment of macroprudential policies[J]. Journal of Financial Stability, 2017,28: 183-202.

32.Cadenillas A, Zapatero F. Optimal central bank intervention in the foreign exchange market[J]. Journal of Economic Theory, 1999,87(1): 218-242.

33.Cai J, Cheung Y L, Lee R S, Melvin M. "Once-in-a-generation"yen volatility in 1998: Fundamentals, intervention, and order flow[J]. Journal of International Money and Finance, 2001,20(3):327-347.

34.Cavusoglu N. Exchange rates and the effectiveness of actual and oral official interventions: A survey on findings, issues and policy implications[J]. Global Economy Journal, 2010,10(4):1-42.

35.Cerrato M, Sarantis N, Saunders A. An investigation of customer order flow in the foreign exchange market[J]. Journal of Banking & Finance, 2011,35(8):1892-1906.

36.Chen Y F, Funke M, Glanemann N. The signalling shannel of central bank interventions: Modelling the yen/US dollar exchange rate[J]. Open Economies Review, 2014,25(2):311-336.

37.Cheung Y W, Chinn M D. Currency traders and exchange rate dynamics: A survey of the US market[J]. Journal of International Money and Finance, 2001,20(4):439-471.

38.Chiarella C, He X, Zheng M. Heterogeneous expectations and exchange rate dynamics[J]. The European Journal of Finance, 2013,19(5):392-419.

39.Chiarella C, He X Z, Huang W, Zheng H. Estimating behavioural heterogeneity under regime switching[J]. Journal of Economic Behavior & Organization, 2012,83(3):446-460.

40.Chiarella C, Dieci R, Gardini L. Speculative behaviour and complex asset price dynamics: A global analysis[J]. Journal of Economic Behavior & Organization, 2002, 49(2): 173-197.

41.Chiu P. Transparency versus constructive ambiguity in foreign exchange intervention[J]. BIS Working Papers, 2003,No.144.

42.Chutasripanich N, Yetman J. Foreign exchange intervention: Strategies and effectiveness[J]. Bank of International Settlements, 2015.

43.Chang M. Financial stability, growth and macroprudential policy[J]. Journal of International Economics, 2020,122:1032−1059.

44.Cizel J, Frost J, Houben A, Wierts P. Effective macroprudential policy: Cross−sector substitution from price and quantity measures[R]. De Nederlandsche Bank Working Paper, 2016(1).

45.De Grauwe P, Dewachter H. A chaotic model of the exchange rate: The role of fundamentalists and chartists[J]. Open economies review, 1993,4(4):351−379.

46.De Grauwe P, Dewachter H, Embrechts M. Exchange rate theory: Chaotic models of foreign exchange markets[M]. Blackwell,1995.

47.De Grauwe P, Grimaldi M. Heterogeneity of agents, transactions costs and the exchange rate[J]. Journal of Economic Dynamics and Control, 2005,29(4):691−719.

48.De Grauwe P, Grimaldi M. Exchange rate puzzles: A tale of switching attractors[J]. European Economic Review, 2006,50(1):1−33.

49.De Grauwe P, Markiewicz A. Learning to forecast the exchange rate: Two competing approaches[J]. Journal of International Money and Finance, 2013,32:42−76.

50.De Jong E, Verschoor W F, Zwinkels R C. Heterogeneity of agents and exchange rate dynamics: Evidence from the EMS[J]. Journal of International Money and Finance, 2010,29(8):1652−1669.

51.De Long J B, Shleifer A, Summers L H, Waldmann R J. Noise trader risk in financial markets[J]. Journal of Political Economy, 1990:703−738.

52.De Zwart G, Markwat T, Swinkels L, Van Dijk D. The economic value of fundamental and technical information in emerging currency markets[J]. Journal of International Money and Finance, 2009,28(4):581-604.

53.Demsetz H. The cost of transacting[J]. The Quarterly Journal of Economics, 1968:33-53.

54.Dick C D, MacDonald R, Menkhoff L. Exchange rate forecasts and expected fundamentals[J]. Journal of International Money and Finance, 2015,53:235-256.

55.Dick C D, Menkhoff L. Exchange rate expectations of chartists and fundamentalists[J]. Journal of Economic Dynamics and Control, 2013,37(7):1362-1383.

56.Dominguez K M. Central bank intervention and exchange rate volatility[J]. Journal of International Money and Finance, 1998,17(1): 161-190.

57.Dominguez K M. The market microstructure of central bank intervention[J]. Journal of International Economics, 2003,59(1):25-45.

58.Dominguez K M. When do central bank interventions influence intra-daily and longer-term exchange rate movements?[J]. Journal of International Money and Finance, 2006,25(7):1051-1071.

59.Dominguez K M, Frankel J A. Does foreign-exchange intervention matter? The portfolio effect[J]. The American Economic Review, 1993,83(5):1356-1369.

60.Dominguez K M, Tesar L L. Exchange rate exposure[J]. Journal of International Economics, 2006,68(1):188-218.

61.Davis S, I. Presno. Capital controls and monetary autonomy in a small open economy[J]. Journal of Monetary Economics, 2017.

62.Devereux M B, Yetman J. Capital controls, global liquidity traps, and the international policy trilemma[J]. The Scandinavian Journal of Economics, 2014, 116(1): 158–189.

63.Easley D, O'hara M. Price, trade size, and information in securities markets[J]. Journal of Financial Economics, 1987,19(1):69–90.

64.Easley D, O'hara M. Time and the process of security price adjustment[J]. The Journal of Finance, 1992,47(2):577–605.

65.Elliott G, Ito T. Heterogeneous expectations and tests of efficiency in the yen/dollar forward exchange rate market[J]. Journal of Monetary Economics, 1999,43(2):435–456.

66.Engel C. Exchange rate stabilization and welfare[J]. Annual Review of Economics, 2014,6(1):155–177.

67.Evans M D. Order flows and the exchange rate disconnect puzzle[J]. Journal of International Economics, 2010,80(1):58–71.

68.Evans M D D. Microstructure of Currency Markets [J].Handbook of Safeguarding Global Financial Stability, 2013:107–119.

69.Evans M D, Lyons R K. Portfolio balance, price impact, and secret intervention[R]. National Bureau of Economic Research, Inc., 2001.

70.Evans M D, Lyons R K. Informational integration and FX trading[J]. Journal of International Money and Finance, 2002,21(6):807–831.

71.Evans M D, Lyons R K. Time–varying liquidity in foreign exchange[J]. Journal of Monetary Economics, 2002,49(5):1025–1051.

72.Fatum R. Foreign exchange intervention when interest rates are zero: Does the portfolio balance channel matter after all?[J]. Journal of International Money and Finance, 2015,57:185–199.

73.Fatum R, Hutchison M. Is intervention a signal of future monetary policy? Evidence from the federal funds futures market[J]. Journal of Money, Credit and Banking, 1999:54–69.

74.Fernholz R T. Exchange rate manipulation and constructive ambiguity[J]. International Economic Review, 2015,56(4):1323–1348.

75.Filardo A J. Business–cycle phases and their transitional dynamics[J]. Journal of Business & Economic Statistics, 1994,12(3): 299–308.

76.Flaschel P, Hartmann F, Malikane C, Proaño C R. A behavioral macroeconomic model of exchange rate fluctuations with complex market expectations formation[J]. Computational Economics, 2015,45(4):669–691.

77.Foster F D, Viswanathan S. A theory of the interday variations in volume, variance, and trading costs in securities markets[J]. Review of financial Studies, 1990,3(4):593–624.

78.Foster F D, Viswanathan S. Variations in trading volume, return volatility, and trading costs: Evidence on recent price formation models[J]. The Journal of Finance, 1993,48(1):187–211.

79.Frankel J A, Froot K. Understanding the dollar in the eighties: Rates of return, risk premiums, speculative bubbles and chartists and fundamentalists[M]. Australian National University, Centre for Economic Policy Research, 1987.

80.Frankel J A, Froot K A. Understanding the US dollar in the eighties: the expectations of chartists and fundamentalists[J]. Economic Record, 1986,62(1):24–38.

81.Frankel J A, Froot K A. Short–term and long–term expectations of the yen/dollar exchange rate: Evidence from survey data[J]. Journal of the Japanese and International Economies, 1987,1(3):249–274.

82.Frankel J A, Froot K A. Chartists, fundamentalists, and trading in the foreign exchange market[J]. The American Economic Review, 1990: 181–185.

83.Frankel J A, Rose A K. A survey of empirical research on nominal exchange rates[M]. University of California at Berkeley, 1995.

84.Fratzscher M. Communication and exchange rate policy[J]. Journal of Macroeconomics, 2008,30(4):1651–1672.

85.Fratzscher M. How successful is the G7 in managing exchange rates?[J]. Journal of International Economics, 2009,79(1):78–88.

86.Farhi E, Werning Iv á n. A Theory of macroprudential policies in the presence of nominal rigidities[J]. Econometrica, 2016,84(5):1645–1704.

87.Farhi E, Werning Iv á n. Dilemma Not Trilemma? Capital controls and exchange rates with volatile capital flows[J]. IMF Economic Review, 2014,62(4):569–605.

88.Forbes K, Klein M, Review I E . Pick your poison: The choices and consequences of policy responses to crises[J]. IMF Economic Review, 2015,63(1):197–237.

89.Garman M B. Market microstructure[J]. Journal of Financial Economics, 1976,3(3):257–275.

90.Gehrig T, Menkhoff L. The use of flow analysis in foreign exchange: Exploratory evidence[J]. Journal of International Money and Finance, 2004,23(4):573-594.

91.Glosten L R, Milgrom P R. Bid, ask and transaction prices in a specialist market with heterogeneously informed traders[J]. Journal of Financial Economics, 1985,14(1):71-100.

92.Goldbaum D, Zwinkels R C. An empirical examination of heterogeneity and switching in foreign exchange markets[J]. Journal of Economic Behavior & Organization, 2014,107:667-684.

93.Gourinchas P-O, Tornell A. Exchange rate puzzles and distorted beliefs[J]. Journal of International Economics, 2004,64(2):303-333.

94.Gochoco-Bautista M, Jongwanich J, Lee Jong-Wha. How effective are capital controls in Asia? [J]. Asian Economic Papers, 2012,11(2): 122-143.

95.Hamilton J D. A new approach to the economic analysis of nonstationary time series and the business cycle[J]. Econometrica: Journal of the Econometric Society, 1989:357-384.

96.Hamilton J D. Time series analysis[M]. Princeton University Press, 1994.

97.Harris M, Raviv A. Differences of opinion make a horse race[J]. Review of Financial Studies, 1993,6(3):473-506.

98.Ho T, Stoll H R. Optimal dealer pricing under transactions and return uncertainty[J]. Journal of Financial Economics, 1981,9(1):47-73.

99.Ho T, Stoll HR. The dynamics of dealer markets under

competition[J]. The Journal of Finance, 1983,38(4):1053–1074.

100.Holden C W, Subrahmanyam A. Long - lived private information and imperfect competition[J]. The Journal of Finance, 1992,47(1):247–270.

101.Hong H, Stein J C. Differences of opinion, short–sales constraints, and market crashes[J]. Review of Financial Studies, 2003,16(2):487–525.

102.Hu M, Li Y, Yang J, Chao C–C. Actual intervention and verbal intervention in the Chinese RMB exchange rate[J]. International Review of Economics & Finance, 2016:499–508.

103.Hung J H. Intervention strategies and exchange rate volatility: A noise trading perspective[J]. Journal of International Money and Finance, 1997,16(5):779–793.

104.Han X, Wei S J. International transmissions of monetary shocks: Between a trilemma and a dilemma[J]. Journal of International Economics, 2018,110:205–219.

105.Ibrahim F, Abderrazek B M. The effectiveness of central bank intervention through the noise trading channel: Evidence from the Reserve Bank of Australia[J]. Journal of Economic and Financial Modelling, 2013,1(2):31–35.

106.Iwatsubo K, Marsh I W. Order flows, fundamentals and exchange rates[J]. International Journal of Finance & Economics, 2014,19(4):251–266.

107.Arora V, Habermeier K, Ostry J D, et al. The liberalization and management of capital flows: An institutional view[J]. Revista de Economia Institucional, 2013, 15(28):205–255.

108.Jeanne O. Capital account policies and the real exchange rate [Z].

NBER Working Paper 18404,2012.

109.Jeanne O, Rose A K. Noise trading and exchange rate regimes[J]. The Quarterly Journal of Economics, 2002,117(2):537–569.

110.Jongen R, Verschoor W F, Wolff C C. Foreign exchange rate expectations: Survey and synthesis[J]. Journal of Economic Surveys, 2008,22(1):140–165.

111.Jeanne O . Macroprudential policies in a global perspective[J]. CEPR Discussion Papers, 2014.

112.Jeanne O, Korinek A. Managing credit booms and busts: A pigouvian taxation approach[J]. Journal of Monetary Economics, 2019(11).

113.Jeanne O. The Macroprudential role of international reserves[J]. American Economic Review, 2016(5).

114.Kaizoji T, Leiss M, Saichev A, Sornette D. Super–exponential endogenous bubbles in an equilibrium model of fundamentalist and chartist traders[J]. Journal of Economic Behavior & Organization, 2015,112: 289–310.

115.Kearns J, Rigobon R. Identifying the efficacy of central bank interventions: Evidence from Australia and Japan[J]. Journal of International Economics, 2005,66(1):31–48.

116.Kenen P B. Exchange rate management: What role for intervention?[J]. The American Economic Review, 1987,77(2):194–199.

117.Kim C–J. Dynamic linear models with Markov–switching[J]. Journal of Econometrics, 1994,60(1–2):1–22.

118.Kim S. Monetary policy, foreign exchange intervention, and the exchange rate in a unifying framework[J]. Journal of International Economics, 2003,60(2):355–386.

119.Krugman P R. Target zones and exchange rate dynamics[J]. The Quarterly Journal of Economics, 1991,106(3):669–682.

120.Kuersteiner G, Phillips D, Villamizar–Villegas M. The effects of foreign exchange market intervention: Evidence from a rule–based policy discontinuity[R]. Technical report, Central Bank of Colombia, 2015.

121.Kumhof M. On the theory of sterilized foreign exchange intervention[J]. Journal of Economic Dynamics and Control, 2010,34(8):1403–1420.

122.Kumhof M, Van Nieuwerburgh S. Monetary policy in an equilibrium portfolio balance model[J]. IMF Working Papers, 2007:1–31.

123.Kyle A S. Continuous auctions and insider trading[J]. Econometrica: Journal of the Econometric Society, 1985:1315–1335.

124.Kyle A S. Informed speculation with imperfect competition[J]. The Review of Economic Studies, 1989,56(3):317–355.

125.Kristin J, Forbes. Macroprudential policy what we've learned, don't know, and need to do[J]. American Economic Review, 2019,109:470–475.

126.Kitano S, Takaku K. Capital controls, macroprudential regulation, and the bank balance sheet channel[J]. Journal of Macroeconomics, 2020,63:1031–1061.

127.Korinek A, Sandri D. Capital controls or macroprudential regulation?[J]. Journal of International Economics, 2016,99:527–542.

128.Korinek A. Regulating capital flows to emerging markets: An externality view[J]. Journal of International Economics, 2018,111:61–80.

129.Kristin F, Marcel F, Roland S. Capital–flow management measures: What are they good for?[J]. Journal of International Economics, 2015,96:576–597.

130.Levin J H. Chartists, fundamentalists and exchange rate dynamics[J]. International Journal of Finance & Economics, 1997,2(4): 281–290.

131.Levy V. Demand for international reserves and exchange–rate intervention policy in an adjustable–peg economy[J]. Journal of Monetary Economics, 1983,11(1):89–101.

132.Loopesko B E. Relationships among exchange rates, intervention, and interest rates: An empirical investigation[J]. Journal of International Money and Finance, 1984,3(3):257–277.

133.Love R, Payne R. Macroeconomic news, order flows, and exchange rates[J]. Journal of Financial and Quantitative Analysis, 2008,43(2): 467–488.

134.Lui Y H, Mole D. The use of fundamental and technical analyses by foreign exchange dealers: Hong Kong evidence[J]. Journal of International Money and Finance, 1998,17(3):535–545.

135.Lyons R K. Tests of microstructural hypotheses in the foreign exchange market[J]. Journal of Financial Economics, 1995,39(2):321–351.

136.Lyons R K. A simultaneous trade model of the foreign exchange hot potato[J]. Journal of International Economics, 1997,42(3–4):275–298.

137.Lyons R K. The microstructure approach to exchange rates[M]. The

Mit Press,2006.

138.Madhavan A. Market microstructure: A survey[J]. Journal of Financial Markets, 2000,3(3):205–258.

139.Madhavan A, Smidt S. A Bayesian model of intraday specialist pricing[J]. Journal of Financial Economics, 1991,30(1):99–134.

140.Manaster S, Mann S C. Life in the pits: Competitive market making and inventory control[J]. Review of Financial Studies, 1996,9(3):953–975.

141.Manzan S, Westerhoff F H. Heterogeneous expectations, exchange rate dynamics and predictability[J]. Journal of Economic Behavior & Organization, 2007,64(1):111–128.

142. Marsh I W, O'Rourke C. Customer order flow and exchange rate movements: Is there really information content?[J]. Working Paper, 2005.

143. Meese R, Rogoff K. Exchange rates and international macroeconomics[M]. University of Chicago Press, 1983.

144.Melvin M, Menkhoff L, Schmeling M. Exchange rate management in emerging markets: Intervention via an electronic limit order book[J]. Journal of International Economics, 2009,79(1):54–63.

145.Melvin M, Taylor M P. The crisis in the foreign exchange market[J]. Journal of International Money and Finance, 2009,28(8):1317–1330.

146.Menkhoff L. The noise trading approach—questionnaire evidence from foreign exchange[J]. Journal of International Money and Finance, 1998,17(3):547–564.

147.Menkhoff L. Foreign exchange intervention in emerging markets: A survey of empirical studies[J]. The World Economy, 2013,36(9):1187–1208.

148.Menkhoff L, Rebitzky R R, Schröder M. Heterogeneity in exchange rate expectations: Evidence on the chartist – fundamentalist approach[J]. Journal of Economic Behavior & Organization, 2009,70(1):241–252.

149.Mohanty M S. Market volatility and foreign exchange intervention in EMEs: What has changed?–an overview[J]. BIS Paper. 2013(73a).

150.Maurice O. International finance and growth in developing countries: What have we learned? [R]. IMF Staff Papers, 2009.

151.Meuleman E, Vennet R V. Macroprudential policy and bank systemic risk[J]. Journal of Financial Stability, 2020,47:1007–1024.

152.Magud N E, Reinhart C M, Rogoff K S. Capital controls: Myth and reality–a portfolio balance approach[R]. National Bureau of Economic Research, 2011.

153.Neely C J. The practice of central bank intervention: Looking under the hood[J]. FRB of St Louis Working Paper, 2000.

154.Neely C J. Central bank authorities'beliefs about foreign exchange intervention[J]. Journal of International Money and Finance, 2008,27(1): 1–25.

155.Neely C J, Taylor M P. Exchange rate intervention[J]. International Journal of Finance & Economics, 2007,12(2):107–108.

156. O'hara M. Market microstructure theory[M]. Blackwell, 1995.

157.O'hara M, Oldfield G S. The microeconomics of market making[J]. Journal of Financial and Quantitative Analysis, 1986,21(04):361–376.

158. Jeanne O, Korinek A. Macroprudential regulation versus mopping up after the crash[J]. The Review of Economic Studies, 2020, 87(3):

1470–1497.

159.Ostry J, Ghosh A, Habermeier K, Laeven L, Chamon M, Qureshi M, Kokenyne A. Managing capital inflows： What tools to use?[R]. IMF, 2011.

160.Ouyang A Y, Guo S. Macro–prudential policies, the global financial cycle and the real exchange rate[J]. Journal of International Money and Finance, 2019,96(0):147–167.

161.Palomino F. Noise trading in small markets[J]. The Journal of Finance, 1996,51(4):1537–1550.

162.Payne R, Vitale P. A transaction level study of the effects of central bank intervention on exchange rates[J]. Journal of International Economics, 2003,61(2):331–352.

163.Peiers B. Informed traders, intervention, and price leadership: A deeper view of the microstructure of the foreign exchange market[J]. The Journal of Finance, 1997,52(4):1589–1614.

164.Pierdzioch C. Noise trading and delayed exchange rate overshooting[J]. Journal of Economic Behavior & Organization, 2005,58(1):133–156.

165.Proaño C R. Exchange rate determination, macroeconomic dynamics and stability under heterogeneous behavioral FX expectations[J]. Journal of Economic Behavior & Organization, 2011,77(2):177–188.

166.Pinshi C. Feedback effect between volatility of capital flows and financial stability: Evidence from Democratic Republic of Congo[J]. MPRA Paper, 2017.

167.Qureshi M S, Ostry J D, Ghosh A R, Chamon M. Managing capital inflows: The role of capital controls and prudential policies[R]. NBER Working Paper, 2011(8).

168.Reitz S. Central bank intervention and heterogeneous exchange rate expectations: Evidence from the daily DEM/US–dollar exchange rate[J]. Open Economies Review, 2005,16(1):33–50.

169.Primiceri, G. E. Time varying structural vector autoregressions and monetary policy[J]. Review of Economics Studies, 2005(3):821–852.

170.Reitz S, Stadtmann G, Taylor MP. The effects of Japanese interventions on FX–forecast heterogeneity[J]. Economics Letters, 2010,108(1):62–64.

171.Reitz S, Taylor M P. The coordination channel of foreign exchange intervention: A nonlinear microstructural analysis[J]. European Economic Review, 2008,52(1):55–76.

172.Reitz S, Taylor M P. FX intervention in the Yen–US dollar market: A coordination channel perspective[J]. International Economics and Economic Policy, 2012,9(2):111–128.

173.Rime D, Sarno L, Sojli E. Exchange rate forecasting, order flow and macroeconomic information[J]. Journal of International Economics, 2010,80(1):72–88.

174.Rogoff K. On the effects of sterilized intervention: An analysis of weekly data[J]. Journal of Monetary Economics, 1984,14(2):133–150.

175.Rey H. Dilemma not trilemma: The global financial cycle and monetary policy independence [R]. Jackson Hole Symposium on Economic Policy, 2013.

176.Sarno L, Taylor M P. The microstructure of the foreign-exchange market: A selective survey of the literature[M]. Princeton University, 2001.

177.Seppi D J. Equilibrium block trading and asymmetric information[J]. The Journal of Finance, 1990,45(1):73-94.

178.Stoll H R. The supply of dealer services in securities markets[J]. The Journal of Finance, 1978,33(4):1133-1151.

179.Taylor D. Official intervention in the foreign exchange market, or, bet against the central bank[J]. The Journal of Political Economy, 1982: 356-368.

180.Taylor M P. Exchange rate behavior under alternative exchange rate regimes. Understanding interdependence: The macroeconomics of the open economy princeton[M]. Princeton University Press, 1994.

181.Taylor M P. The economics of exchange rates[J]. Journal of Economic Literature, 1995,33(1):13-47.

182.Taylor M P. Is official exchange rate intervention effective?[J]. Economica, 2004,71(281):1-11.

183.Taylor M P. Official foreign exchange intervention as a coordinating signal in the dollar-yen market[J]. Pacific Economic Review, 2005,10(1):73-82.

184.Taylor M P, Allen H. The use of technical analysis in the foreign exchange market[J]. Journal of International Money and Finance, 1992,11(3):304-314.

185.Tobin J. The new economics one decade older: The Elliot Janeway lectures in honor of Joseph Schumter [M]. Princeton University Press, 1974.

186. Vigfusson R. Switching between chartists and fundamentalists: A

Markov regime - switching approach[J]. International Journal of Finance & Economics, 1997, 2(4): 291–305.

187. Vitale P. Sterilised central bank intervention in the foreign exchange market[J]. Journal of International Economics, 1999,49(2): 245–267.

188. Vitale P. Speculative noise trading and manipulation in the foreign exchange market[J]. Journal of International Money and Finance, 2000,19(5):689–712.

189. Vitale P. Foreign exchange intervention: How to signal policy objectives and stabilise the economy[J]. Journal of Monetary Economics, 2003,50(4):841–870.

190. Weber W E. Do sterilized interventions affect exchange rates?[J]. Quarterly Review, 1986(Sum):14–23.

191. Westerhoff F H. Expectations driven distortions in the foreign exchange market[J]. Journal of Economic Behavior & Organization, 2003,51(3):389–412.

192. Weymark D N. Measuring the degree of exchange market intervention in a small open economy[J]. Journal of International Money and Finance, 1997,16(1):55–79.

193. Sheng W,Wong M. Capital flow management policies and riskiness of external liability structures: The role of local financial markets[J]. Open Economies Review, 2017,28(3):1–38.

194. Wong C Y, Eng Y K. Surviving asymmetry in capital flows and the business cycles: The role of prudential capital controls[J]. Review of

Development Economics, 2015,19(3):545–563.

195.Xu J. Noise traders, exchange rate disconnect puzzle, and the Tobin tax[J]. Journal of International Money and Finance, 2010,29(2):336–357.

196.Yeyati E L, Sturzenegger F. Monetary and exchange rate policies[J]. Handbook of Development Economics, 2010,5:4215–4281.

197.Zeev N B. Capital Controls as Shock Absorbers[J]. Journal of International Economics，2017,109:43–67.

198.Zhu L. Employment and financial stability: Dual goals of capital flow management[D]. University of Maryland, 2015.

199. 白淑云 . 人民币汇率的动态微观结构模型研究 [D]. 厦门：厦门大学，2010.

200. 白淑云， 陈浪南 . 汇率决定的市场微观结构理论方法与发展前景 [J]. 现代管理科学，2011（5）:18–20.

201. 陈华 . 央行干预使得人民币汇率更加均衡了吗？ [J]. 经济研究，2013（12）:81–92.

202. 陈浪南， 林伟斌， 欧阳永卫 . 人民币汇率决定的市场微观结构分析 [J]. 经济学 （季刊），2008（1）:255–282.

203. 陈浪南， 王升泉， 吴圣金 . 噪声交易视角下人民币汇率的动态决定研究 [J]. 国际金融研究，2016（7）:74–82.

204. 陈浪南， 吴圣金， 王升泉 . 央行干预下的人民币汇率噪音交易动态模型和实证研究 [J]. 国际贸易问题，2017（10）:163–176.

205.陈卫东， 王有鑫 . 人民币贬值背景下中国跨境资本流动:渠道、规模、趋势及风险防范 [J]. 国际金融研究，2016（4）:3–12.

206. 丁剑平， 俞君钛， 张景煜 . 从外汇市场微观结构视角看中央

银行入市交易效果 [J]. 管理世界，2006（7）:15–21.

207. 丁剑平，曾芳琴 . 外汇市场微观结构理论与实证 [M]. 中国金融出版社，2006.

208. 惠晓峰，张硕 . 基于代表性异质投资者的汇率动态模型 [J]. 中国管理科学，2012（3）:28–34.

209. 姜波克，伍戈，唐健伟 . 外汇市场的微观结构理论综述 [J]. 国际金融研究，2002（7）:19–24.

210. 唐宏飞 . 宏观审慎管理框架下跨境资本流动监管问题研究 [J]. 南方金融，2014（8）:38–41.

211. 李小平，吴冲锋 . 远期汇率波动的偏 U 型曲线 [J]. 管理科学学报，2012，15（11）:54–65.

212. 李小平，吴冲锋 . 利差交易、异质预期与汇率微观决定 [J]. 管理科学学报，2018，21（6）:1–11.

213. 李晓峰，陈华 . 交易者预期异质性，央行干预效力与人民币汇率变动——汇改后人民币汇率的形成机理研究 [J]. 金融研究，2010（8）:49–67.

214. 李晓峰，钱利珍，黎琦嘉 . 人民币汇率预期特征研究——基于调查数据的实证分析 [J]. 国际金融研究，2011（12）:47–58.

215. 李晓峰，魏英辉 . 基于行为金融理论的中央银行外汇干预策略研究 [J]. 南开经济研究，2009（1）:3–21.

216. 李晓峰，陈华 . 行为金融视角下的人民币汇率决定模型研究 [J]. 管理科学学报，2012，15（8）:72–83.

217. 李晓峰，陈萍，叶文娱 . 人民币外汇市场压力与央行外汇干预的经验估计 [J]. 上海金融，2011（1）:73–78.

218. 林伟斌，王艺明 . 汇率决定与央行干预——1994～2005 年的人民币汇率决定研究 [J]. 管理世界，2009（7）:67–76.

219. 孙立坚 . 外汇市场微观结构理论的原理及其前景 [J]. 国际金融研究，2002（11）:13–19.

220. 司登奎，李小林，江春 . 央行外汇干预、投资者情绪与汇率变动 [J]. 统计研究，2018，35（11）:58–70.

221. 吴圣金 . 异质交易者视角下的人民币外汇市场微观结构模型研究 [J]. 中国经济问题，2018（6）:13–20.

222. 吴圣金，冯剑锋，石敏，刘相阁 . 异质交易者视角下人民币外汇市场干预效果的实证研究 [J]. 技术经济，2021，40（5）:178–185.

223. 吴圣金，刘相阁，叶国安 . 跨境资本流动宏观审慎管理与资本管制的比较研究 [J]. 南方金融，2021（1）:68–79.

224. 奚君羊，曾振宇 . 汇率及其制度安排的微观分析 [M]. 北京：中国金融出版社，2006.

225. 杨荣，徐涛 . 中国外汇市场的微观结构 [J]. 世界经济研究，2009（3）:43–48+67+88.

226. 游宇，黄宗晔 . 资本管制对融资结构和经济增长的影响 [J]. 金融研究，2016（10）:32–47.

227. 张健华，贾彦东 . 宏观审慎政策的理论与实践进展 [J]. 金融研究，2012（1）:20–35.

228. 邹佳洪 . 人民币汇率的市场微观结构分析 [J]. 投资研究，2016（2）:149–157.

附录一

《银行间人民币外汇市场交易规则》

中国外汇交易中心（中汇交发〔2019〕401 号）

第一章　总则

第一条　为规范和发展银行间人民币外汇市场，促进市场诚信、公平、有序、高效运行，维护银行间外汇市场参与者合法权益，根据《中华人民共和国外汇管理条例》(中华人民共和国国务院令第 532 号)、《银行间外汇市场管理暂行规定》(银发〔1996〕423 号)等规范性文件，制定本交易规则（以下简称本规则）。

第二条　中国外汇交易中心（以下简称交易中心）在中国人民银行和国家外汇管理局的监管下提供交易平台，组织银行间人民币外汇市场交易和业务管理；提供交易、交易后、信息、培训等相关服务；为货币政策操作和传导提供服务；发布银行间人民币外汇市场相关基准指标；负责市场监测和异常交易行为处理等。

第三条　本规则所称银行间人民币外汇市场是符合条件的机构之间通过交易中心达成人民币外汇交易的市场。

第四条　境内外机构经交易中心核准成为银行间人民币外汇市场会员（以下简称会员）后才能参与银行间人民币外汇市场交易。

第五条　符合会员条件的机构之间不得在交易中心交易平台（以下简称交易平台）之外达成人民币外汇交易，包括即期和衍生品交易。

第六条　本规则所称交易达成指交易双方通过交易平台确认交易要素并生成成交单。

第七条　会员从事人民币外汇交易，应当遵循公开、公平、公正和诚实信用的原则。禁止欺诈、内幕交易和操纵汇率等违法违规、影响银行间外汇市场交易秩序和损害市场参与者合法权益的行为。

第八条　会员应当严格执行反洗钱和反恐怖融资法律法规以及有关规定，切实履行反洗钱和反恐怖融资相关义务。

第九条　会员从事人民币外汇交易，应参照《中国外汇市场准则》和《全球外汇市场准则（Global Code）》等市场最佳实践要求，结合本机构业务特点，建立健全内部管理制度，加强前中后台管理。

第二章　会员管理

第十条　本规则所称会员包括做市机构和普通会员。做市机构包括做市商和尝试做市机构。做市商指经主管部门核准承担向银行间人民币外汇市场持续提供相应交易品种或交易币种的买卖双向报价义务，并在规定条件内按所报价格成交的会员。会员申请相应交易品种的做市商资格须先申请成为相应交易品种的尝试做市机构。

第十一条　会员包括境内银行、境内非银行金融机构、境内非金融企业等符合条件的境内机构，以及符合条件的境外机构。

第十二条　境内金融机构经国家外汇管理局批准取得结售汇业务资格后，可向交易中心申请即期会员资格；经国家外汇管理局批准取得结售汇业务资格和相关金融监管部门批准取得衍生品交易业务资格后，可向交易中心申请外汇衍生品会员资格；在满足相关业务技术规范条件下，成为银行间人民币外汇市场相关产品会员。

第十三条　符合条件的境内非金融企业经向国家外汇管理局备案后可向交易中心申请会员资格，在满足相关业务技术规范条件下，成为银行间人民币外汇市场相关产品会员。

第十四条　符合条件的境外机构可向交易中心申请会员资格，在满足相关业务技术规范条件下，成为银行间人民币外汇市场相关产品会员。

第十五条　会员资格的申请、变更和终止，须经过交易中心核准，会员的交易权限以交易中心书面通知为准。

第十六条　会员应建立健全内部管理制度，建立分工合理、职责明确、报告关系清晰的外汇交易内部控制治理和组织架构。

第十七条　会员应建立健全风险防范机制，包括但不限于交易额度限制、分级授权、合规内控管理等，采取切实有效的措施对外汇交易风险进行监控和管理。

第十八条　交易中心可根据市场发展，对会员的业务运作、风险管理、技术系统等提出要求，会员应当持续满足相关要求。

第十九条　会员应指派合格交易员代表其开展报价与交易，并对交易员的交易行为负责。经交易中心培训并获由交易中心颁发的交易员证书的交易员方可通过交易系统进行外汇报价交易。

第二十条　银行间人民币外汇市场实行交易员实名制，未通过实名认证的交易员不允许登录交易系统进行报价交易。

第二十一条　交易员应在会员机构授权范围内开展交易，会员机构应及时审核更新交易员授权范围。交易员离职或调动岗位的，所在会员机构应及时取消或调整其交易中心相关系统权限。

第二十二条　交易员应当使用会员机构统一配置的录音电话、邮箱以及交易中心即时通讯工具等系统进行交易沟通，其工作邮件、通话录音、即时通讯信息等应当监测留痕，并接受内部监督检查，严禁交易员使用个人外部邮箱、社交网络账户、未经机构授权使用的即时通讯工具等进行交易相关活动。

第二十三条　会员应妥善保存交易有关的电话和电子通讯的沟通记录。保存期限应根据交易性质决定，一般录音内容或电子信息记录的保存期限至少十二个月；部分履约时间较长的外汇交易产品，应延长相关记录的保存期限。

第二十四条　会员发生与银行间人民币外汇业务相关的重大事项时，应妥善记录并及时向交易中心报告相关情况。重大事项包括但不限于重大交易纠纷、仲裁和诉讼，经营情况重大变化或外部监管政策调整等。

第三章　交易市场

第二十五条　银行间人民币外汇市场交易时间为北京时间 9:30–23:30（区域交易时间另行规定），周六、周日及中国法定节假日不开市。交易时间可根据市场需求变化由交易中心报主管部门备案后调整。交易双方不得在交易时间外达成交易。

第二十六条　交易中心根据中国人民银行授权，计算并发布人民币汇率中间价、人民币外汇区域交易参考价等基准指标。

第二十七条　会员可通过交易中心交易终端进行手工报价与交易，也可使用交易中心提供的自动化做市接口和交易接口参与报价与交易。

会员应遵守交易中心交易系统、接口等业务技术规范。

第二十八条　会员报价交易应遵循公平、善意、诚信原则，报价与成交价应为有效、合理的市场价格。

第二十九条　会员在开展交易前应与交易对手方或中央清算对手方建立授信关系或设置授信额度。

第三十条　会员开展衍生品交易前，应与交易对手签署规定的金融衍生产品交易主协议。

第三十一条　会员之间通过经批准从事人民币外汇衍生品经纪业务的境内货币经纪公司或通过电子邮件、即时通讯工具等渠道直接协商人民币外汇衍生品交易要素意向的，交易双方应即时将逐笔成交信息录入交易平台，生成成交单后达成交易。

第三十二条　交易平台生成的成交单是人民币外汇交易达成的书面法律凭证，对交易双方具有法律约束力。交易双方其他约定与成交单列明的交易要素相冲突的，以成交单为准。

第三十三条　若交易相关日期遇相关货币发行国或地区法定节假日，按照交易中心发布的营业日准则和起息日规则进行调整。

第三十四条　交易双方应根据成交单约定的起息日、交易金额等交易要素办理相关资金结算。如发生因特殊情况导致交易一方未按时履行支付义务，或双方协商一致不结算等结算异常情况，交易双方应及时将结算异常情况及处理方式等信息向交易中心备案，必要时应根据交易中心要求提供相关说明及材料。

第三十五条　如遇不可抗力、意外事件、交易系统被非法侵入或交易中心认定的其他异常情况，交易中心可宣布全部或部分暂停交易，并报监管部门备案。上述因素消除后，交易中心可决定恢复交易并及时通知会员。因上述异常情况及采取的相应措施造成的损失，交易中心不承担责任。

第三十六条　交易中心按有偿原则向会员提供交易及交易相关服务，会员应当按照交易中心公布的收费标准足额按时交纳相关费用。

第四章　交易机制

第三十七条　银行间人民币外汇市场支持竞价交易、询价交易和撮合交易等交易模式。银行间人民币外汇市场提供其他交易模式的，由交易中心报主管部门批准或备案。

第三十八条　竞价交易是指基于中央清算对手方授信，做市机构通过交易平台提供匿名公开带量可成交报价，交易对手方通过点击成交或订单匹配、匿名请求报价等方式达成交易的交易模式。

（一）点击成交或订单匹配是指做市机构匿名报出带量可成交价，交易对手方按照"价格优先、成交量优先、时间优先"的原则，通过点击报价或提交订单匹配报价的方式达成交易。

（二）匿名请求报价是指发起的交易请求被匿名发至市场最优价报价做市机构，由做市机构进行匿名回价，发起请求报价的会员接受回价并达成交易。

第三十九条　询价交易是指做市机构通过交易平台提供具名公开意向性报价或带量可成交报价，交易对手方通过请求报价、点击成交或订单匹配、协商交易等方式达成交易的交易模式。

（一）请求报价是指做市机构或会员发出交易请求，请求被发送至一个或多个做市机构或会员，由做市机构或会员进行回价，发起请求报价的做市机构或会员接受回价并达成交易。

（二）点击成交或订单匹配是指做市商报出分组、分层的带量可成交价，交易对手方按照"价格优先、成交量优先、时间优先"的原则，通过点击报价或提交订单匹配报价的方式与做市机构达成交易。

（三）协商交易是指交易一方通过交易平台发起完整交易要素、另一方确认则达成交易。

第四十条　撮合交易是指符合条件的会员之间按照"价格优先、时间优先"的原则，通过订单匹配或点击成交等方式达成交易的交易模式。

（一）订单匹配是指会员发送带量买入或卖出订单，订单进入中央限价订单簿，与其他反向订单进行匹配成交。

（二）点击成交是指会员带量点击中央限价订单簿中存量买入或卖出订单成交。

第五章　交易品种

第四十一条　银行间人民币外汇市场交易品种包括即期和衍生品。衍生品交易品种包括远期、掉期、货币掉期和期权等。银行间人民币外汇市场提供其他交易品种的，由交易中心报主管部门批准或备案。

第四十二条　交割方式包括全额交割和差额交割。全额交割方式下，交易双方应在起息日（交割日）将足额的人民币或外汇资金付至交易对手方指定资金账户。差额交割方式下，交易双方根据约定的汇率与定价日约定时点的参考汇率计算出差额资金，交易一方应将差额资金付至交易对手方指定资金账户；差额交割货币可自行商定。对差额交割交易，若选用的参考汇率因特殊情况在定价日发生调整，差额资金金额原则上以当日最终发布的参考汇率为准进行计算，交易双方另有约定的除外。

第四十三条　外汇即期交易指交易双方以约定的币种、金额、汇率等，在成交日后第二个营业日或第二个营业日之内交割的人民币外汇交易。即期交易应在规定的相应货币对中间价（参考价）上下波动幅度内报价与成交。

第四十四条　外汇远期交易指交易双方以约定的币种、金额、汇率等，在约定的未来某一日期（第二个营业日之后）交割的人民币外汇交易。

第四十五条　外汇掉期交易指交易双方约定一前一后两个不同的起息日、方向相反的两次本外币交换。在前一次货币交换中，一方按照约定汇率用外汇（人民币）交换人民币（外汇）；在后一次货币交换中，该方再按另一约定的汇率用人民币（外汇）交换外汇（人民币）。

第四十六条　货币掉期交易是指在约定期限内交换约定金额的人民币和外币本金，同时定期交换两种货币利息的交易。

（一）货币掉期本金交换是指交易双方约定一前一后两个不同的起息日、方向相反的两次本外币交换。在前一次货币交换中，一方按约定汇率用外汇（人民币）交换人民币（外汇）；在后一次货币交换中，该方再按相同的汇率和金额用人民币（外汇）交换外汇（人民币）。本金交换形式包括期初期末交换、期初期末均不交换、期初交换期末不交换、期初不交换期末交换四种形式。交易双方可约定在交易存续期内对名义本金进行摊销。

（二）货币掉期利息交换指交易双方定期向交易对方支付以换入

货币计算的利息金额。交易双方可以按照固定利率计算利息，也可以按照浮动利率计算利息。双方协商约定的人民币浮动利率基准应为经中国人民银行公布或授权交易中心发布的基准利率或具有基准性质的市场利率。

第四十七条　外汇期权交易是指交易双方以约定的币种、金额、汇率等，在约定的未来某一日期（第二个营业日之后）交割人民币外汇交易的权利。

（一）全额交割期权交易，到期日当天在双方约定的行权截止时间之前，期权买方有权选择行权或放弃行权。若期权买方选择行权，交易系统将根据该笔期权的执行价格、交易金额自动产生一笔即期交易，并实时通知期权卖方；期权买方若未行权则视为放弃行权。

（二）差额交割期权交易，到期日当天交易系统将根据执行价格和定价日约定时点参考汇率计算该笔期权的盈亏。对于价外期权或平价期权，交易系统将自动代买方放弃行权；对于价内期权，买方在到期日当天北京时间 15:00 之前有权选择行权或放弃行权，15:00 之前未行权则系统自动行权。

（三）期权买方应于约定的期权费支付日向期权卖方支付期权费，期权费以人民币计价和清算。

第六章　应急交易与应急撤销交易

第四十八条　应急交易指因会员端系统或通讯线路等出现故障，会员无法通过交易系统达成交易或生成成交单时，交易双方达成一致后，授权交易中心在交易系统代为应急录入交易或应急打印成交单。

第四十九条　应急撤销交易指对已通过交易系统达成的交易，交易双方基于合理理由且协商一致后，授权交易中心在交易系统中代为撤销该笔交易。

第五十条　应急交易和应急撤销交易仅限当日交易。

第五十一条　交易中心可提供询价交易模式下的应急交易（包括期权应急行权）服务，包括应急录入交易或应急打印成交单。竞价和撮合交易模式下，交易中心仅提供应急打印成交单服务，不提供应急录入交易服务。

第五十二条　交易中心可提供询价和撮合交易模式下的应急撤销交易服务，因撤销交易影响第三方机构或市场秩序等特殊情况除外；竞价交易模式下，交易中心原则上不提供应急撤销交易服务。

第五十三条　会员应在当日应急服务受理时间（开市时间至闭市时间前 30 分钟）内，按规定流程提交应急服务书面申请。超过应急服务受理时间，交易中心不再接受应急服务申请（以交易中心收到交易双方书面申请单的时间为准）。交易中心保留合理拒绝应急服务的权利。

第五十四条　交易中心根据会员应急服务申请进行的相应操作，与会员的自行操作具有同等法律效力。会员对交易中心据其申请进行的操作承担全部法律责任。

第五十五条　交易中心认为应急服务申请异常的，有权向会员了解情况，会员应根据交易中心要求提供相应说明。因会员自身原因的异常应急交易或应急撤销交易，交易中心将纳入监测考评范围，并报送监管部门。

第七章　监督管理

第五十六条　交易中心依法对银行间人民币外汇市场进行市场监测和异常交易行为处理。

第五十七条　交易中心制定市场监测范围和标准、异常交易行为认定和处理流程、发布异常交易行为案例等，并根据市场情况变化及监管要求适时调整。

第五十八条　交易中心制定考核指标对会员交易行为进行监测评估，向监管机构定期报告考核评估结果，并根据考核评估结果开展市场评优。

第五十九条　会员应公平、诚实参与交易，禁止任何阻碍市场公平交易、妨碍价格发现、影响市场运行秩序的不当行为。

第六十条　会员不得从事如下市场操纵行为：

（一）通过合谋或集中资金交易操纵市场价格；

（二）滥用市场支配地位影响价格或促成其他不公平的交易行为；

（三）企图不当影响和操纵收盘价或其他基准价；

（四）其他阻碍或企图阻碍市场公平交易和价格发现的市场操纵行为。

第六十一条　会员不得从事如下市场欺诈行为：

（一）在交易中制造供需、价格以及价值的假象，包括但不限于无合理理由的虚增交易量、故意快速取消报价诱导市场的闪价与晃骗、无合理交易意图的虚假多档报价、营造市场活跃度或价格变动错觉的哄抬价格等；

（二）无合理交易目的而请求交易、发起订单等；

（三）在明知或应知信息具有虚假或误导性的情形下，通过媒体（包括互联网）或以任何其他方式散播谣言或虚假、误导性信息；

（四）通过散播误导性信息、提交误导性交易请求或订单，诱导市场交易以试图获得经济利益；

（五）其他阻碍或企图阻碍市场公平交易和价格发现的市场欺诈行为。

第六十二条　禁止内幕交易、非法泄露和不当使用非公开信息。会员不得利用所掌握的对价格有重大影响的非公开信息从事不正当交易活动、泄露相关信息，或利用该信息建议他人从事交易活动。

第六十三条　禁止利益输送。交易员在与交易对手、客户及其他第三方服务机构业务往来中，不得利用职务、岗位便利，为自己或他人谋取私利。

第六十四条　会员应遵守交易中心业务和技术规范，禁止如下滥用交易系统和信息数据的行为：

（一）无合理理由滥用二次技术确认；

（二）以任何方式中断、或试图中断或影响交易系统的运行，危害交易系统运行和市场秩序；

（三）对交易系统终端的软件或程序进行反向工程、反汇编、分解或进行其他试图取得此等软件或程序源代码的行为，或者将此等软件或程序用于相关规定之外的任何其他用途；

（四）未经交易中心授权许可，将来自交易中心的市场行情、交易数据等信息用于相关规定和约定外的任何其他用途；

（五）因任何业务技术原因报价明显偏离市场价格，不及时调整报价，影响市场运行秩序；

（六）滥用报价或交易等接口，妨碍市场正常运行或阻碍价格公正发现的报价或交易策略活动；

（七）其他违反交易中心业务和技术规范的行为。

第六十五条　会员或其他市场参与机构可向交易中心投诉、举报市场异常行为，或反映市场异常情况。投诉或举报应以书面形式提出。情况反映可以口头或书面形式提出，受理口头情况反映的，交易中心将进行书面记录。

第六十六条　交易中心监测到异常交易行为或受理投诉、举报以及重要情况反映后将组织调查，认定异常行为是否违反本规则并做出相关处理意见。

第六十七条　交易中心对违反本规则的异常行为的调查和认定过程包括但不限于调取交易数据，以电话、邮件、传真等方式要求会员提供相关数据和说明，现场调查或约见谈话，征求全国外汇市场自律机制意见等。

第六十八条　会员有义务根据交易中心要求配合调查、提供材料，不得提供虚假资料、隐瞒事实真相、故意回避或以其他形式不协助或妨碍交易中心行使职权。

第六十九条　经调查认定的违反本规则的异常行为，交易中心有权要求相关会员或交易员及时改正，出具书面整改证明材料。

第七十条　交易中心对市场监测发现的异常交易行为和日常受理的会员投诉、举报、调查结果及处理意见，通报全国外汇市场自律机制，并上报监管机构。

第七十一条　对违反本规则的机构或个人，交易中心将根据情节严重程度，采取下列一项或多项措施：

（一）列入市场重点关注名单；

（二）口头警示；

（三）约见谈话；

（四）评优考核扣分或取消评优资格；

（五）出示警示函；

（六）市场通报；

（七）暂停或取消交易员资格并警示其交易主管；

（八）暂停或取消会员交易权限或会员资格；

（九）移交行政监管部门或司法部门；

（十）交易中心认为必要的其他措施。

第八章　附则

第七十二条　本规则由交易中心负责解释与修订。交易中心可根据需要制定发布相关交易细则或交易指引。

第七十三条　本规则自发布之日起实施。《银行间外汇市场人民币外汇即期交易规则》（中汇交发〔2005〕365 号）、《全国银行间外汇市场人民币外汇远期交易规则》（中汇交发〔2005〕290 号）、《全国银行间外汇市场人民币外汇掉期交易规则》（中汇交发〔2006〕118 号）、《全国银行间外汇市场人民币外汇货币掉期交易规则》（中汇交发〔2007〕283 号）、《全国银行间外汇市场人民币对外汇期权交易规则》（中汇交发〔2011〕34 号）同时废止。

附录二

人民币国际化大事记 [①]

2009 年

1 月 20 日，中国人民银行与香港金融管理局签署了规模为 2000 亿元人民币 /2270 亿港元的双边本币互换协议。

2 月 8 日，中国人民银行与马来西亚国家银行签署了规模为 800 亿元人民币 /400 亿林吉特的双边本币互换协议。

3 月 11 日，中国人民银行与白俄罗斯共和国国家银行签署了规模为 200 亿元人民币 /8 万亿白俄罗斯卢布的双边本币互换协议。

3 月 23 日，中国人民银行与印度尼西亚银行签署了规模为 1000 亿元人民币 /175 万亿印度尼西亚卢比的双边本币互换协议。

4 月 2 日，中国人民银行与阿根廷中央银行签署了规模为 700 亿元人民币 /380 亿阿根廷比索的双边本币互换协议。

4 月 20 日，中国人民银行与韩国银行签署了规模为 1800 亿元人民币 /38 万亿韩元的双边本币互换协议。

6 月 29 日，中国人民银行与香港金融管理局就内地与香港跨境贸易人民币结算试点业务签订《补充合作备忘录（三）》。

7 月 1 日，中国人民银行、财政部、商务部、海关总署、国家税务

---

① 本附录主要参考《2022 年人民币国际化报告》。

总局和中国银行业监督管理委员会联合发布《跨境贸易人民币结算试点管理办法》（中国人民银行财政部商务部海关总署国家税务总局中国银行业监督管理委员会公告〔2009〕第10号）。

7月3日，中国人民银行与中国银行（香港）有限公司签署了修订后的《香港人民币业务清算协议》，配合跨境贸易人民币结算试点工作的开展。

7月3日，为贯彻落实《跨境贸易人民币结算试点管理办法》，中国人民银行发布《跨境贸易人民币结算试点管理办法实施细则》（银发〔2009〕212号）。

7月6日，上海市办理第一笔跨境贸易人民币结算业务；人民币跨境收付信息管理系统（RCPMIS）正式上线运行。

7月7日，广东省4个城市启动跨境贸易人民币结算试点工作。

7月14日，中国人民银行、财政部、商务部、海关总署、国家税务总局、中国银行业监督管理委员会联合向上海市和广东省政府发布了《关于同意跨境贸易人民币结算试点企业名单的函》（银办函〔2009〕472号），第一批试点企业正式获批开展出口货物贸易人民币结算业务，共计365家。

9月10日，中国人民银行和国家税务总局签署《跨境贸易人民币结算试点信息传输备忘录》。

9月15日，财政部首次在香港发行人民币国债，债券金额共计60亿元人民币。

12月22日，中国人民银行发布《跨境贸易人民币结算试点相关政策问题解答》。

2010 年

2 月 11 日，香港金融管理局发布《香港人民币业务的监管原则及操作安排的诠释》。

3 月 8 日，中国人民银行发布《人民币跨境收付信息管理系统管理暂行办法》（银发〔2010〕79 号）。

3 月 19 日，中国人民银行和海关总署签署《关于跨境贸易以人民币结算协调工作合作备忘录》。

3 月 24 日，中国人民银行与白俄罗斯共和国国家银行签署了《中白双边本币结算协议》。

6 月 9 日，中国人民银行与冰岛中央银行签署了规模为 35 亿元人民币 /660 亿冰岛克朗的双边本币互换协议。

6 月 17 日，中国人民银行、财政部、商务部、海关总署、国家税务总局和中国银行业监督管理委员会联合发布《关于扩大跨境贸易人民币结算试点有关问题的通知》（银发〔2010〕186 号），扩大跨境贸易人民币结算试点范围。

7 月 19 日，中国人民银行与香港金融管理局在香港签署《补充合作备忘录（四）》，与中国银行（香港）有限公司签署修改后的《关于人民币业务的清算协议》。

7 月 23 日，中国人民银行与新加坡金融管理局签署了规模为 1500 亿元人民币 /300 亿新加坡元的双边本币互换协议。

8 月 17 日，中国人民银行发布《关于境外人民币清算行等三类机构运用人民币投资银行间债券市场试点有关事宜的通知》（银发〔2010〕217 号）。

8月19日，经中国人民银行授权，中国外汇交易中心在银行间外汇市场完善人民币对马来西亚林吉特的交易方式，发展人民币对马来西亚林吉特直接交易。

8月31日，中国人民银行发布《境外机构人民币银行结算账户管理办法》（银发〔2010〕249号）。

11月22日，经中国人民银行授权，中国外汇交易中心在银行间外汇市场完善人民币对俄罗斯卢布的交易方式，发展人民币对俄罗斯卢布直接交易。

2011 年

1月6日，中国人民银行发布《境外直接投资人民币结算试点管理办法》（中国人民银行公告〔2011〕第1号），允许跨境贸易人民币结算试点地区的银行和企业开展境外直接投资人民币结算试点，银行可以按照有关规定向境内机构在境外投资的企业或项目发放人民币贷款。

4月18日，中国人民银行与新西兰储备银行签署了规模为250亿元人民币/50亿新西兰元的双边本币互换协议。

4月19日，中国人民银行与乌兹别克斯坦共和国中央银行签署了规模为7亿元人民币/1670亿乌兹别克斯坦苏姆的双边本币互换协议。

5月6日，中国人民银行与蒙古银行签署了规模为50亿元人民币/1万亿蒙古图格里克的双边本币互换协议。

6月3日，中国人民银行发布《关于明确跨境人民币业务相关问题的通知》（银发〔2011〕145号）。

6月9日，昆明富滇银行与老挝大众银行共同推出人民币与老挝基普的挂牌汇率。

6月13日，中国人民银行与哈萨克斯坦国家银行签署了规模为70亿元人民币/1500亿坚戈的双边本币互换协议。

6月23日，中国人民银行与俄罗斯联邦中央银行签订了新的双边本币结算协定，规定两国经济活动主体可自行决定用自由兑换货币、人民币和卢布进行商品和服务的结算与支付。

6月28日，中国工商银行广西分行和中国银行新疆分行相继推出人民币兑越南盾、哈萨克斯坦坚戈挂牌交易。

6月30日，交通银行青岛分行、韩国企业银行青岛分行推出人民币对韩元的柜台挂牌交易。

7月27日，中国人民银行、财政部、商务部、海关总署、国家税务总局、中国银行业监督管理委员会发布《关于扩大跨境贸易人民币结算地区的通知》（银发〔2011〕203号），明确将跨境贸易人民币结算境内地域范围扩大至全国。

10月13日，中国人民银行发布《外商直接投资人民币结算业务管理办法》（中国人民银行公告〔2011〕第23号）。

10月24日，中国人民银行发布《关于境内银行业金融机构境外项目人民币贷款的指导意见》（银发〔2011〕255号）。

10月26日，中国人民银行与韩国银行续签双边本币互换协议，互换规模由原来的1800亿元人民币/38万亿韩元扩大至3600亿元人民币/64万亿韩元。

11月4日，根据中国人民银行公告〔2003〕第16号确定的选择中国香港人民币业务业务清算行的原则和标准，中国人民银行授权中国银行（香港）有限公司继续担任中国香港人民币业务清算行（中国人民银行公告〔2011〕第 25 号）。

11 月 22 日，中国人民银行与香港金融管理局续签双边本币互换协议，互换规模由原来的 2000 亿元人民币 /2270 亿港元扩大至 4000 亿元人民币 /4900 亿港元。

12 月 16 日，中国证券监督管理委员会、中国人民银行、国家外汇管理局联合发布《基金管理公司、证券公司人民币合格境外机构投资者境内证券投资试点办法》（证监会令第 76 号）。

12 月 22 日，中国人民银行与泰国银行签署了中泰双边本币互换协议，互换规模为 700 亿元人民币 /3200 亿泰铢。

12 月 23 日，中国人民银行与巴基斯坦国家银行签署了中巴双边本币互换协议，互换规模为 100 亿元人民币 /1400 亿巴基斯坦卢比的双边本币互换协议。

12 月 29 日，人民币对泰铢银行间市场区域交易在云南省成功推出，这是我国首例人民币对非主要国际储备货币在银行间市场的区域交易。

12 月 31 日，中国人民银行发布《关于实施〈基金管理公司、证券公司人民币合格境外机构投资者境内证券投资试点办法〉有关事项的通知》（银发〔2011〕321 号）。

2012 年

1 月 17 日，中国人民银行与阿联酋中央银行在迪拜签署了规模为 350 亿元人民币 /200 亿迪拉姆的双边本币互换协议。

2 月 6 日，中国人民银行、财政部、商务部、海关总署、国家税务总局和中国银行业监督管理委员会联合发布《关于出口货物贸易人民币结算企业管理有关问题的通知》（银发〔2012〕23号）。

2月8日，中国人民银行与马来西亚国家银行续签了中马双边本币互换协议，互换规模由原来的800亿元人民币/400亿林吉特扩大至1800亿元人民币/900亿林吉特。

2月21日，中国人民银行与土耳其共和国中央银行签署了规模为100亿元人民币/30亿土耳其里拉的双边本币互换协议。

3月20日，中国人民银行与蒙古银行签署了中蒙双边本币互换补充协议，互换规模由原来的50亿元人民币/1万亿图格里克扩大至100亿元人民币/2万亿图格里克。

3月22日，中国人民银行与澳大利亚储备银行签署了规模为2000亿元人民币/300亿澳大利亚元的双边本币互换协议。

4月3日，经国务院批准，中国香港人民币合格境外机构投资者（RQFII）试点额度扩大500亿元人民币。

6月1日，经中国人民银行授权，中国外汇交易中心在银行间外汇市场完善人民币对日元的交易方式，发展人民币对日元直接交易。

6月26日，中国人民银行与乌克兰国家银行签署了规模为150亿元人民币/190亿格里夫纳的双边本币互换协议。

6月29日，中国人民银行发布《关于明确外商直接投资人民币结算业务操作细则的通知》（银发〔2012〕165号）。

7月31日，中国人民银行发布《境外机构人民币银行结算账户开立和使用有关问题的通知》（银发〔2012〕183号）。

8月31日，中国人民银行与中国台湾货币管理机构签署《海峡两岸货币清算合作备忘录》。

9月24日，中国人民银行与中国银行澳门分行续签《关于人民币业务的清算协议》。

11 月 13 日，经国务院批准，中国香港人民币合格境外机构投资者（RQFII）试点额度扩大 2000 亿元人民币。

12 月 11 日，中国人民银行授权中国银行台北分行担任中国台湾人民币业务清算行。

2013 年

1 月 25 日，中国人民银行与中国银行台北分行签订《关于人民币业务的清算协议》。

2 月 8 日，中国人民银行授权中国工商银行新加坡分行担任新加坡人民币业务清算行，并于 4 月与其签订《关于人民币业务的清算协议》。

3 月 1 日，中国证券监督管理委员会、中国人民银行、国家外汇管理局联合发布《人民币合格境外机构投资者境内证券投资试点办法》（证监会令第 90 号）。

3 月 7 日，中国人民银行与新加坡金融管理局续签了规模为 3000 亿元人民币 /600 亿新加坡元的双边本币互换协议。

3 月 13 日，中国人民银行发布《关于合格境外机构投资者投资银行间债券市场有关事项的通知》（银发〔2013〕694 号）。

3 月 26 日，中国人民银行与巴西中央银行签署了规模为 1900 亿元人民币 /600 亿巴西雷亚尔的双边本币互换协议。

4 月 10 日，经中国人民银行授权，中国外汇交易中心在银行间外汇市场完善人民币对澳元的交易方式，发展人民币对澳元直接交易。

4 月 25 日，中国人民银行发布《关于实施〈人民币合格境外机构投资者境内证券投资试点办法〉有关事项的通知》（银发〔2013〕105 号）。

6月21日，两岸签署《海峡两岸服务贸易协议》，允许台资金融机构以人民币合格境外机构投资者方式投资大陆资本市场，投资额度考虑按1000亿元掌握。

6月22日，中国人民银行与英格兰银行签署了规模为2000亿元人民币/200亿英镑的双边本币互换协议。

7月9日，中国人民银行发布《关于简化跨境人民币业务流程和完善有关政策的通知》（银发〔2013〕168号）。

8月23日，中国人民银行办公厅发布《关于优化人民币跨境收付信息管理系统信息报送流程的通知》（银办发〔2013〕188号）。

9月9日，中国人民银行与匈牙利中央银行签署了规模为100亿元人民币/3750亿匈牙利福林的双边本币互换协议。

9月11日，中国人民银行与冰岛中央银行续签了规模为35亿元人民币/660亿冰岛克朗的双边本币互换协议。

9月12日，中国人民银行与阿尔巴尼亚银行签署了规模为20亿元人民币/358亿阿尔巴尼亚列克的双边本币互换协议。

9月23日，中国人民银行发布《关于境外投资者投资境内金融机构人民币结算有关事项的通知》（银发〔2013〕225号）。

10月1日，中国人民银行与印度尼西亚银行续签了规模为1000亿元人民币/175万亿印度尼西亚卢比的双边本币互换协议。

10月8日，中国人民银行与欧洲中央银行签署了规模为3500亿元人民币/450亿欧元的双边本币互换协议。

10月15日，第五次中英经济财金对话中方宣布给予英国800亿元人民币合格境外机构投资者额度。

10月22日，中新双边合作联合委员会第十次会议宣布给予新加坡

500 亿元人民币合格境外机构投资者额度。

12 月 31 日，中国人民银行发布《关于调整人民币购售业务管理的通知》（银发〔2013〕321 号）。

2014 年

3 月 14 日，中国人民银行、财政部、商务部、海关总署、国家税务总局和中国银行业监督管理委员会联合发布《关于简化出口货物贸易人民币结算企业管理有关事项的通知》（银发〔2014〕80 号）。

3 月 19 日，经中国人民银行授权，中国外汇交易中心在银行间外汇市场完善人民币对新西兰元的交易方式，发展人民币对新西兰元的直接交易。

3 月 26 日，中法联合声明宣布给予法国 800 亿元人民币合格境外机构投资者额度。

3 月 28 日，中国人民银行与德意志联邦银行签署了在法兰克福建立人民币清算安排的合作备忘录。

3 月 31 日，中国人民银行与英格兰银行签署了在伦敦建立人民币清算安排的合作备忘录。

4 月 25 日，中国人民银行与新西兰储备银行续签了规模为 250 亿元人民币 /50 亿新西兰元的双边本币互换协议。

6 月 11 日，中国人民银行发布《关于贯彻落实〈国务院办公厅关于支持外贸稳定增长的若干意见〉的指导意见》（银发〔2014〕168 号）。

6 月 17 日，中国人民银行授权中国建设银行（伦敦）有限公司担任伦敦人民币业务清算行。

6 月 18 日，中国人民银行授权中国银行法兰克福分行担任法兰克福人民币业务清算行。

6月19日，经中国人民银行授权，中国外汇交易中心在银行间外汇市场完善人民币对英镑的交易方式，发展人民币对英镑的直接交易。

6月28日，中国人民银行与法兰西银行签署了在巴黎建立人民币清算安排的合作备忘录，与卢森堡中央银行签署了在卢森堡建立人民币清算安排的合作备忘录。

7月3日，中国人民银行与韩国银行签署了在首尔建立人民币清算安排的合作备忘录，给予韩国800亿元人民币合格境外机构投资者额度；4日，授权交通银行首尔分行担任首尔人民币业务清算行。

7月7日，在德国总理默克尔来华访问期间，李克强总理宣布给予德国800亿元人民币合格境外机构投资者额度。

7月18日，中国人民银行与阿根廷中央银行续签了规模为700亿元人民币/900亿阿根廷比索的双边本币互换协议。

7月21日，中国人民银行与瑞士国家银行签署了规模为1500亿元人民币/210亿瑞士法郎的双边本币互换协议。

8月21日，中国人民银行与蒙古银行续签了规模为150亿元人民币/4.5万亿蒙古图格里克的双边本币互换协议。

9月5日，中国人民银行授权中国银行巴黎分行担任巴黎人民币业务清算行，授权中国工商银行卢森堡分行担任卢森堡人民币业务清算行。

9月16日，中国人民银行与斯里兰卡中央银行签署了规模为100亿元人民币/2250亿斯里兰卡卢比的双边本币互换协议。

9月28日，中国人民银行办公厅发布《关于境外机构在境内发行人民币债务融资工具跨境人民币结算有关事宜的通知》（银办发

〔2014〕221 号）。

9 月 30 日，经中国人民银行授权，中国外汇交易中心在银行间外汇市场完善人民币对欧元的交易方式，发展人民币对欧元的直接交易。

10 月 11 日，中国人民银行与韩国银行续签了规模为 3600 亿元人民币 /64 万亿韩元的双边本币互换协议。

10 月 13 日，中国人民银行与俄罗斯联邦中央银行签署了规模为 1500 亿元人民币 /8150 亿卢布的双边本币互换协议。

11 月 1 日，中国人民银行发布《关于跨国企业集团开展跨境人民币资金集中运营业务有关事宜的通知》（银发〔2014〕324 号）。

11 月 3 日，中国人民银行与卡塔尔中央银行签署了在多哈建立人民币清算安排的合作备忘录，签署了规模为 350 亿元人民币 /208 亿里亚尔的双边本币互换协议，给予卡塔尔 300 亿元人民币合格境外机构投资者额度；4 日，授权中国工商银行多哈分行担任多哈人民币业务清算行。

11 月 4 日，中国人民银行、中国证券监督管理委员会联合发布《关于沪港股票市场交易互联互通机制试点有关问题的通知》（银发〔2014〕336 号）。

11 月 5 日，中国人民银行发布《关于人民币合格境内机构投资者境外证券投资有关事项的通知》（银发〔2014〕331 号）。

11 月 8 日，中国人民银行与加拿大银行签署了在加拿大建立人民币清算安排的合作备忘录，签署了规模为 2000 亿元人民币 /300 亿加元的双边本币互换协议，并给予加拿大 500 亿元人民币合格境外机构投资者额度；9 日，授权中国工商银行（加拿大）有限公司担任多伦多人民币业务清算行。

11 月 10 日，中国人民银行与马来西亚国家银行签署了在吉隆坡建立人民币清算安排的合作备忘录。

11 月 17 日，中国人民银行与澳大利亚储备银行签署了在澳大利亚建立人民币清算安排的合作备忘录，给予澳大利亚 500 亿元人民币合格境外机构投资者额度；18 日，授权中国银行悉尼分行担任悉尼人民币业务清算行。

11 月 22 日，中国人民银行与香港金融管理局续签了规模为 4000 亿元人民币 /5050 亿港元的货币互换协议。

12 月 14 日，中国人民银行与哈萨克斯坦国家银行续签了规模为 70 亿元人民币 /2000 亿哈萨克斯坦坚戈的双边本币互换协议；15 日，经中国人民银行批准，中国外汇交易中心正式推出人民币对哈萨克斯坦坚戈银行间区域交易。

12 月 22 日，中国人民银行与泰国银行签署了在泰国建立人民币清算安排的合作备忘录，并续签了规模为 700 亿元人民币 /3700 亿泰铢的双边本币互换协议。

12 月 23 日，中国人民银行与巴基斯坦国家银行续签了规模为 100 亿元人民币 /1650 亿巴基斯坦卢比的双边本币互换协议。

2015 年

1 月 5 日，中国人民银行授权中国银行（马来西亚）有限公司担任吉隆坡人民币业务清算行，授权中国工商银行（泰国）有限公司担任曼谷人民币业务清算行。

1 月 21 日，中国人民银行与瑞士国家银行签署合作备忘录，就在瑞士建立人民币清算安排有关事宜达成一致。给予瑞士 500 亿元人民币合格境外机构投资者额度。

3月18日，中国人民银行与苏里南中央银行签署了规模为10亿元人民币/5.2亿苏里南元的双边本币互换协议。

3月25日，中国人民银行与亚美尼亚中央银行签署了规模为10亿元人民币/770亿亚美尼亚德拉姆的双边本币互换协议。

3月30日，中国人民银行与澳大利亚储备银行续签了规模为2000亿元人民币/400亿澳大利亚元的双边本币互换协议。

4月10日，中国人民银行与南非储备银行签署了规模为300亿元人民币/540亿南非兰特的双边本币互换协议。

4月17日，中国人民银行与马来西亚国家银行续签了规模为1800亿元人民币/900亿马来西亚林吉特的双边本币互换协议。

4月29日，人民币合格境外机构投资者试点地区扩大至卢森堡，初始投资额度为500亿元人民币。

5月10日，中国人民银行与白俄罗斯共和国国家银行续签了规模为70亿元人民币/16万亿白俄罗斯卢布的双边本币互换协议。

5月15日，中国人民银行与乌克兰国家银行续签了规模为150亿元人民币/540亿乌克兰格里夫纳的双边本币互换协议。

5月25日，中国人民银行与智利中央银行签署了在智利建立人民币清算安排的合作备忘录，并签署了规模为220亿元人民币/2.2万亿智利比索的双边本币互换协议。给予智利5500亿元人民币合格境外机构投资者额度。同日，授权中国建设银行智利分行担任智利人民币业务清算行。

6月1日，中国人民银行发布《关于境外人民币业务清算行、境外参加银行开展银行间债券市场债券回购交易的通知》（银发〔2015〕

170 号）。

6 月 11 日，中国人民银行发布《人民币国际化报告（2015 年）》。

6 月 27 日，中国人民银行与匈牙利中央银行签署了在匈牙利建立人民币清算安排的合作备忘录和《中国人民银行代理匈牙利中央银行投资中国银行间债券市场的代理投资协议》，给予匈牙利 500 亿元人民币合格境外机构投资者额度；28 日，授权中国银行匈牙利分行担任匈牙利人民币业务清算行。

7 月 7 日，中国人民银行与南非储备银行签署了在南非建立人民币清算安排的合作备忘录；8 日，授权中国银行约翰内斯堡分行担任南非人民币业务清算行。

7 月 14 日，中国人民银行印发《关于境外央行、国际金融组织、主权财富基金运用人民币投资银行间市场有关事宜的通知》（银发〔2015〕220 号），对境外央行类机构简化了入市流程，取消了额度限制，允许其自主选择中国人民银行或银行间市场结算代理人为其代理交易结算，并拓宽其可投资品种。

7 月 24 日，发布中国人民银行公告〔2015〕第 19 号，明确境内原油期货以人民币为计价货币，引入境外交易者和境外经纪机构参与交易等。

8 月 11 日，中国人民银行发布关于完善人民币兑美元汇率中间价报价的声明。自 2015 年 8 月 11 日起，做市商在每日银行间外汇市场开盘前，参考上日银行间外汇市场的收盘汇率，综合考虑外汇供求情况以及国际主要货币汇率变化向中国外汇交易中心提供中间价报价。

9 月 3 日，中国人民银行与塔吉克斯坦国家银行签署了规模为 30 亿元人民币 /30 亿索摩尼的双边本币互换协议。

9月7日，中国人民银行印发《关于进一步便利跨国企业集团开展跨境双向人民币资金池业务的通知》（银发〔2015〕279号）。

9月17日，中国人民银行与阿根廷中央银行签署了在阿根廷建立人民币清算安排的合作备忘录；18日，授权中国工商银行（阿根廷）股份有限公司担任阿根廷人民币业务清算行。

9月21日，中国人民银行批复同意香港上海汇丰银行有限公司和中国银行（香港）有限公司在银行间债券市场发行金融债券，这是国际性商业银行首次获准在银行间债券市场发行人民币债券。

9月26日，中国人民银行与土耳其共和国中央银行续签了规模为120亿元人民币/50亿土耳其里拉的双边本币互换协议。

9月27日，中国人民银行与格鲁吉亚国家银行签署了双边本币互换框架协议。

9月29日，中国人民银行与赞比亚中央银行签署了在赞比亚建立人民币清算安排的合作备忘录；30日，授权赞比亚中国银行担任赞比亚人民币业务清算行。

9月29日，中国人民银行与吉尔吉斯共和国国家银行签署了加强合作的意向协议。

9月30日，中国人民银行公告〔2015〕第31号发布，开放境外央行（货币当局）和其他官方储备管理机构、国际金融组织、主权财富基金依法合规参与中国银行间外汇市场。

10月8日，人民币跨境支付系统（一期）成功上线运行。

10月20日，中国人民银行在伦敦采用簿记建档方式成功发行了50亿元人民币央行票据，期限1年，票面利率3.1%。这是中国人民银行首次在中国以外地区发行以人民币计价的央行票据。

10 月 20 日，中国人民银行与英格兰银行续签了规模为 3500 亿元人民币 /350 亿英镑的双边本币互换协议。

11 月 2 日，为满足境外中央银行、货币当局、其他官方储备管理机构、国际金融组织以及主权财富基金在境内开展相关业务的实际需要，中国人民银行办公厅发布《关于境外中央银行类机构在境内银行业金融机构开立人民币银行结算账户有关事项的通知》（银办发〔2015〕227 号）。

11 月 6 日，中国人民银行、国家外汇管理局发布《内地与香港证券投资基金跨境发行销售资金管理操作指引》（中国人民银行外汇局公告〔2015〕第 36 号）。

11 月 9 日，经中国人民银行授权，中国外汇交易中心宣布在银行间外汇市场开展人民币对瑞士法郎直接交易。

11 月 18 日，中欧国际交易所股份有限公司举行成立仪式，并挂牌首批人民币计价和结算的证券现货产品。

11 月 23 日，人民币合格境外机构投资者试点地区扩大至马来西亚，投资额度为 500 亿元人民币。

11 月 25 日，首批境外央行类机构在中国外汇交易中心完成备案，正式进入中国银行间外汇市场。

11 月 27 日，中国银行间市场交易商协会接受加拿大不列颠哥伦比亚省在中国银行间债券市场发行 60 亿元人民币主权债券的注册。

11 月 30 日，国际货币基金组织执董会决定将人民币纳入特别提款权（SDR）货币篮子，SDR 货币篮子相应扩大至美元、欧元、人民币、日元、英镑 5 种货币，人民币在 SDR 货币篮子中的权重为 10.92%，新的 SDR 货币篮子将于 2016 年 10 月 1 日生效。同日，中国人民银行授权中国建设银行苏黎世分行担任瑞士人民币业务清算行。

12月7日，中国银行间市场交易商协会接受韩国政府在中国银行间债券市场发行30亿元人民币主权债券的注册。

12月14日，中国人民银行与阿联酋中央银行续签了规模为350亿元人民币/200亿阿联酋迪拉姆的双边本币互换协议。同日，双方签署了在阿联酋建立人民币清算安排的合作备忘录，并同意将人民币合格境外机构投资者试点地区扩大至阿联酋，投资额度为500亿元人民币。

12月17日，人民币合格境外机构投资者试点地区扩大至泰国，投资额度为500亿元人民币。

2016 年

1月20日，中国人民银行办公厅印发《关于调整境外机构人民币银行结算账户资金使用有关事宜的通知》（银办发〔2016〕15号）。

1月22日，中国人民银行印发《关于扩大全口径跨境融资宏观审慎管理试点的通知》（银发〔2016〕18号）。

2月24日，中国人民银行发布2016年第3号公告，便利符合条件的境外机构投资者投资银行间债券市场（中国人民银行公告〔2016〕第3号）。

3月7日，中国人民银行与新加坡金管局续签双边本币互换协议，协议规模为3000亿元人民币/640亿新加坡元，有效期为3年。

4月29日，中国人民银行印发《关于在全国范围内实施全口径跨境融资宏观审慎管理的通知》（银发〔2016〕132号）。

5月11日，中国人民银行与摩洛哥银行签署双边本币互换协议，协议规模为 100 亿元人民币 /150 亿迪拉姆，有效期为 3 年。

6 月 7 日，中国人民银行与美国联邦储备委员会签署了在美国建立人民币清算安排的合作备忘录，并给予美国 2500 亿元人民币合格境外机构投资者额度。

6 月 17 日，中国人民银行与塞尔维亚中央银行签署双边本币互换协议，协议规模为 15 亿元人民币 /270 亿塞尔维亚第纳尔，有效期为 3 年。

6 月 20 日，经中国人民银行授权，中国外汇交易中心在银行间外汇市场完善人民币对南非兰特的交易方式，发展人民币对南非兰特直接交易。

6 月 25 日，中国人民银行与俄罗斯联邦中央银行签署了在俄罗斯建立人民币清算安排的合作备忘录。

6 月 27 日，经中国人民银行授权，中国外汇交易中心在银行间外汇市场完善人民币对韩元的交易方式，发展人民币对韩元直接交易。

7 月 11 日，中国银行（香港）有限公司以直接参与者身份接入人民币跨境支付系统（CIPS），这是 CIPS 的首家境外直接参与者；同日，中信银行、上海银行、广东发展银行、江苏银行、三菱东京日联银行（中国）有限公司、瑞穗银行（中国）有限公司、恒生银行（中国）有限公司等以直接参与者身份接入 CIPS，CIPS 直接参与者数量增加至 27 家。

8 月 10 日，中国人民银行办公厅印发《关于波兰共和国在银行间债券市场发行人民币债券有关事项的批复》（银办函〔2016〕378 号），同意受理波兰共和国在银行间债券市场发行人民币债券的注册申请。

8 月 30 日，中国人民银行、国家外汇管理局联合发布《关于人民币合格境外机构投资者境内证券投资管理有关问题的通知》（银发〔2016〕227号）。

9月12日，中国人民银行与匈牙利央行续签双边本币互换协议，协议规模为100亿元人民币/4160亿匈牙利福林，有效期为3年。

9月20日，中国人民银行发布2016年第23号公告，授权中国银行纽约分行担任美国人民币业务清算行（中国人民银行公告〔2016〕第23号）。

9月23日，中国人民银行发布2016年第24号公告，授权中国工商银行（莫斯科）股份有限公司担任俄罗斯人民币业务清算行。

9月26日，经中国人民银行授权，中国外汇交易中心开始在银行间外汇市场开展人民币对沙特里亚尔直接交易。

9月26日，经中国人民银行授权，中国外汇交易中心开始在银行间外汇市场开展人民币对阿联酋迪拉姆直接交易。

9月27日，中国人民银行与欧洲中央银行签署补充协议，决定将双边本币互换协议有效期延长3年至2019年10月8日。互换规模仍为3500亿元人民币/450亿欧元。

11月4日，中国人民银行、中国证券监督管理委员会联合发布《关于内地与香港股票市场交易互联互通机制有关问题的通知》（银发〔2016〕282号）。12月5日，正式启动深港通。

11月14日，经中国人民银行授权，中国外汇交易中心在银行间外汇市场完善人民币对加拿大元的交易方式，开展人民币对加拿大元直接交易。

11月29日，中国人民银行印发《中国人民银行关于进一步明确境内企业境外放款业务有关事项的通知》（银发〔2016〕306号）。

12月6日，中国人民银行与埃及中央银行签署双边本币互换协议，协议规模为180亿元人民币/470亿埃及镑，有效期为3年。

12月9日，中国人民银行发布2016年第30号公告，授权中国农业银行迪拜分行担任阿联酋人民币业务清算行（中国人民银行公告〔2016〕第30号）。

12月12日，经中国人民银行授权，中国外汇交易中心开始在银行间外汇市场开展人民币对墨西哥比索直接交易。

12月12日，经中国人民银行授权，中国外汇交易中心开始在银行间外汇市场开展人民币对土耳其里拉直接交易。

12月12日，经中国人民银行授权，中国外汇交易中心开始在银行间外汇市场开展人民币对波兰兹罗提直接交易。

12月12日，经中国人民银行授权，中国外汇交易中心开始在银行间外汇市场开展人民币对丹麦克朗直接交易。

12月12日，经中国人民银行授权，中国外汇交易中心开始在银行间外汇市场开展人民币对匈牙利福林直接交易。

12月12日，经中国人民银行授权，中国外汇交易中心开始在银行间外汇市场开展人民币对挪威克朗直接交易。

12月12日，经中国人民银行授权，中国外汇交易中心开始在银行间外汇市场开展人民币对瑞典克朗直接交易。

12月21日，中国人民银行与冰岛中央银行续签双边本币互换协议，协议规模为35亿元人民币/660亿冰岛克朗，有效期为3年。

12月26日，中国人民银行办公厅印发《中国人民银行办公厅关于境外机构境内发行人民币债券跨境人民币结算业务有关事宜的通知》（银办发〔2016〕258号）。

2017 年

1 月 13 日，中国人民银行发布《关于全口径跨境融资宏观审慎管理有关事宜的通知》（银发〔2017〕9 号）。

3 月 20 日，中国人民银行与中国银行纽约分行签署《关于人民币业务的清算协议》。

3 月 20 日，中国人民银行与中国工商银行（莫斯科）股份有限公司签署《关于人民币业务的清算协议》。

3 月 20 日，中国人民银行与中国农业银行迪拜分行签署《关于人民币业务的清算协议》。

5 月 19 日，中国人民银行与新西兰储备银行续签双边本币互换协议，协议规模为 250 亿元人民币 /50 亿新西兰元，有效期为 3 年。

5 月 23 日，中国人民银行发布《关于印发〈人民币跨境收付信息管理系统管理办法〉的通知》（银发〔2017〕126 号）。

5 月 27 日，中国人民银行办公厅发布《关于完善人民币跨境收付信息管理系统银行间业务数据报送流程的通知》（银办发〔2017〕118 号）。

6 月 29 日，中国人民银行与中国银行（香港）有限公司续签《关于人民币业务的清算协议》。

7 月 4 日，经国务院批准，中国香港人民币合格境外机构投资者额度扩大至 5000 亿元人民币。

7 月 6 日，中国人民银行与蒙古银行续签双边本币互换协议，协议规模为 150 亿元人民币 /5.4 万亿蒙古国图格里克，有效期为 3 年。

7 月 18 日，中国人民银行与阿根廷央行续签双边本币互换协议，规模为 700 亿元人民币 /1750 亿阿根廷比索，有效期为 3 年。

7月21日，中国人民银行与瑞士国家银行续签双边本币互换协议，协议规模为1500亿元人民币/210亿瑞士法郎，有效期为3年。

8月11日，经中国人民银行授权，中国外汇交易中心开展人民币对蒙古图格里克银行间市场区域交易。

9月13日，经中国人民银行授权，中国外汇交易中心开展人民币对柬埔寨瑞尔银行间市场区域交易。

9月21日，中国人民银行与中国银行澳门分行续签《关于人民币业务的清算协议》。

10月11日，中国人民银行与韩国银行续签双边本币互换协议，协议规模为3600亿元人民币/64万亿韩元，有效期为3年。

11月2日，中国人民银行与卡塔尔中央银行续签双边本币互换协议，协议规模为350亿元人民币/208亿里亚尔，有效期为3年。

11月8日，中国人民银行与加拿大银行续签双边本币互换协议，协议规模为2000亿元人民币/300亿加拿大元，有效期为3年。

11月22日，中国人民银行与香港金管局续签双边本币互换协议，协议规模为4000亿元人民币/4700亿港元，有效期为3年。

11月22日，中国人民银行与俄罗斯联邦中央银行续签双边本币互换协议，协议规模为1500亿元人民币/13250亿卢布，有效期为3年。

12月22日，中国人民银行与泰国银行续签双边本币互换协议，协议规模为700亿元人民币/3700亿泰铢，有效期为3年。

2018 年

1月4日，中国人民银行与中国银行台北分行续签《关于人民币业务的清算协议》。

1月5日，中国人民银行印发《关于进一步完善人民币跨境业务政策促进贸易投资便利化的通知》（银发〔2018〕3号），明确凡依法可使用外汇结算的跨境交易，企业都可以使用人民币结算。

1月5日，中国外汇交易中心发布《关于境外银行参与银行间外汇市场区域交易有关事项的公告》，同意符合条件的境外银行参与银行间外汇市场区域交易。

2月9日，中国人民银行授权美国摩根大通银行担任美国人民币业务清算行。

3月26日，人民币跨境支付系统二期投产试运行。

3月26日，以人民币计价结算的原油期货在上海国际能源交易中心挂牌交易。

3月30日，中国人民银行与澳大利亚储备银行续签规模为2000亿元人民币/400亿澳大利亚元的双边本币互换协议。

4月3日，中国人民银行与阿尔巴尼亚中央银行续签规模为20亿元人民币/342亿阿尔巴尼亚列克的双边本币互换协议。

4月11日，中国人民银行与南非储备银行续签规模为300亿元人民币/540亿南非兰特的双边本币互换协议。

4月20日，为进一步规范人民币合格境内机构投资者境外证券投资活动，中国人民银行办公厅印发《关于进一步明确人民币合格境内机构投资者境外证券投资管理有关事项的通知》（银办发〔2018〕81号）。

4月27日，中国人民银行与尼日利亚中央银行签署规模为150亿元人民币/7200亿奈拉的双边本币互换协议。

5月1日，将"沪股通"及"深股通"每日额度扩大四倍，北上每日额度从130亿元调整为520亿元，南下每日额度从105亿元调整为 420 亿元。

5 月 2 日，人民币跨境支付系统二期全面投产，符合要求的直接参与者同步上线。

5 月 4 日，以人民币计价的大连商品交易所铁矿石期货正式引入境外交易者。

5 月 9 日，人民币合格境外机构投资者试点地区扩大至日本，投资额度为 2000 亿元。

5 月 10 日，中国人民银行与白俄罗斯共和国国家银行续签规模为 70 亿元人民币 /22.2 亿白俄罗斯卢布的双边本币互换协议。

5 月 16 日，为进一步完善跨境资金流动管理，推进金融市场开放，中国人民银行办公厅印发《关于进一步完善跨境资金流动管理，支持金融市场开放有关事宜的通知》（银办发〔2018〕96 号）。

5 月 23 日，中国人民银行与巴基斯坦国家银行续签规模为 200 亿元人民币 /3510 亿巴基斯坦卢比的双边本币互换协议。

5 月 25 日，中国人民银行与智利中央银行续签规模为 220 亿元人民币 /22000 亿智利比索的双边本币互换协议。

5 月 28 日，中国人民银行与哈萨克斯坦国家银行续签规模为 70 亿元人民币 /3500 亿哈萨克斯坦坚戈的双边本币互换协议。

6 月 1 日，中国 A 股股票正式纳入明晟（MSCI）新兴市场指数和全球基准指数，有利于吸引境外投资者配置人民币股票资产。

6 月 11 日，为规范人民币合格境外机构投资者境内证券投资管理，中国人民银行、国家外汇管理局发布《关于人民币合格境外机构投资者境内证券投资管理有关问题的通知》（银发〔2018〕157 号）。

6 月 13 日，为进一步完善人民币购售业务管理，中国人民银行发布《关于完善人民币购售业务管理有关问题的通知》（银发〔2018〕159号），开放了证券投资项下跨境人民币购售业务。

8月20日，中国人民银行与马来西亚国家银行续签规模为1800亿元人民币/1100亿马来西亚林吉特的双边本币互换协议。

9月3日，中国外汇交易中心正式引入中国工商银行（阿拉木图）股份公司与工银标准银行公众有限公司参与银行间外汇市场人民币对坚戈区域交易，并决定延长人民币对坚戈区域交易时间，由10:30 ~ 16:30调整为10:30 ~ 19:00。

9月8日，为促进全国银行间债券市场对外开放、规范境外机构债券发行、保护债券市场投资者合法权益，中国人民银行和财政部联合下发《全国银行间债券市场境外机构债券发行管理暂行办法》（中国人民银行财政部公告〔2018〕第16号）。

9月20日，中国人民银行和香港金融管理局签署了《关于使用债务工具中央结算系统发行中国人民银行票据的合作备忘录》。

10月13日，中国人民银行与英格兰银行续签规模为3500亿元人民币/400亿英镑的双边本币互换协议。

10月22日，中国人民银行与日本银行签署了在日本建立人民币清算安排的合作备忘录；26日，授权中国银行东京分行担任日本人民币业务清算行。

10月26日，中国人民银行与日本银行签署规模为2000亿元人民币/34000亿日元的双边本币互换协议。

11月7日，中国人民银行通过香港金融管理局债务工具中央结算系统（CMU）债券投标平台，首次招标发行人民币央行票据。

11月16日，中国人民银行与印度尼西亚银行续签规模为2000亿

元人民币 /440 万亿印尼卢比的双边本币互换协议。

11 月 20 日，中国人民银行与菲律宾中央银行签署了在菲律宾建立人民币清算安排的合作备忘录。

11 月 30 日，以人民币计价的精对苯二甲酸期货正式引入境外交易者。

12 月 10 日，中国人民银行与乌克兰国家银行续签规模为 150 亿元人民币 /620 亿乌克兰格里夫纳的双边本币互换协议。

2019 年

1 月 31 日，彭博公司正式确认将于 2019 年 4 月起将中国债券纳入彭博巴克莱债券指数。

2 月 11 日，中国人民银行与苏里南中央银行续签规模为 10 亿元人民币 /11 亿苏里南元的双边本币互换协议。

2 月 28 日，明晟（MSCI）宣布，大幅提升 A 股在其全球指数中的权重，分三阶段将纳入因子由 5% 增加至 20%。

5 月 10 日，中国人民银行与新加坡金融管理局续签规模为 3000 亿元人民币 /610 亿新加坡元的双边本币互换协议。

5 月 30 日，中国人民银行与土耳其共和国中央银行续签规模为 120 亿元人民币 /109 亿土耳其里拉的双边本币互换协议。

5 月 30 日，中国人民银行发布 2019 年第 11 号公告，授权日本三菱日联银行担任日本人民币业务清算行（中国人民银行公告〔2019〕11 号）。

6 月 5 日，人民币合格境外机构投资者试点地区扩大至荷兰，投资额度为 500 亿元人民币。

8月23日，中国人民银行发布《2019年人民币国际化报告》。

8月27日，在哈尔滨市召开2019年人民币在周边国家和地区使用座谈会，研究部署进一步深化扩大周边国家和地区人民币跨境使用相关工作。

9月10日，国家外汇管理局公告取消合格境外机构投资者（QFII）和人民币合格境外机构投资者投资额度限制。

9月12日，中国人民银行发布2019年第18号公告，授权中国银行马尼拉分行担任菲律宾人民币业务清算行。

10月8日，中国人民银行与欧洲中央银行续签规模为3500亿元人民币/450亿欧元的双边本币互换协议。

10月15日，中国人民银行与国家外汇管理局联合发布《关于进一步便利境外机构投资者投资银行间债券市场有关事项的通知》（银发〔2019〕240号）。

12月5日，中国人民银行与澳门金融管理局签署规模为300亿元人民币/350亿澳门元的双边本币互换协议。

12月10日，中国人民银行与匈牙利中央银行续签规模为200亿元人民币/8640亿匈牙利福林的双边本币互换协议。

12月18日，中国人民银行发布2019年第29号公告，进一步便利中国澳门个人人民币跨境汇款业务。

12月20日，中国人民银行召开人民币国际化工作座谈会。

12月21日，中国金融学会跨境人民币业务专业委员会成立。

2020 年

1月6日，中国人民银行与老挝银行签署双边本币合作协议，允许在两国已经放开的所有经常和资本项下交易中直接使用双方本币结算。

1月31日，中国人民银行会同财政部、中国银行保险监督管理委员会、中国证券监督管理委员会和国家外汇管理局共同发布《关于进一步强化金融支持防控新型冠状病毒感染肺炎疫情的通知》（银发〔2020〕29号），简化疫情防控相关跨境人民币业务办理流程，支持建立"绿色通道"，切实提高跨境人民币业务办理效率。

2月10日，中国人民银行与埃及中央银行续签规模为180亿元人民币/410亿埃及镑的双边本币互换协议。

3月11日，中国人民银行会同国家外汇管理局发布《关于调整全口径跨境融资宏观审慎调节参数的通知》（银发〔2020〕64号），将全口径跨境融资宏观审慎调节系数由1上调至1.25。

5月7日，中国人民银行与国家外汇管理局共同发布《境外机构投资者境内证券期货投资资金管理规定》（中国人民银行外汇局公告〔2020〕第2号）。

5月20日，中国人民银行与老挝银行签署规模为60亿元人民币/7.6万亿老挝基普的双边本币互换协议。

7月31日，中国人民银行与巴基斯坦国家银行签署双边本币互换修订协议将互换规模扩大为300亿元人民币/7200亿巴基斯坦卢比。

7月31日，中国人民银行与智利中央银行签署双边本币互换修订协议将互换规模扩大为500亿元人民币/56000亿智利比索。

7月31日，中国人民银行与蒙古银行续签规模为150亿元人民币/6万亿蒙古图格里克的双边本币互换协议。

8月6日，中国人民银行与阿根廷中央银行续签规模为700亿元人民币/7300亿阿根廷比索的双边本币互换协议，同时签署规模为600亿元人民币的双边本币互换补充协议。

8月22日，中国人民银行与新西兰储备银行续签规模为250亿元人民币（新西兰元互换规模按即期汇率计算）的双边本币互换协议。

9月17日，中国人民银行与匈牙利中央银行签署规模为400亿元人民币的双边本币互换补充协议。

9月25日，中国证券监督管理委员会、中国人民银行、国家外汇管理局联合发布《合格境外机构投资者和人民币合格境外机构投资者境内证券期货投资管理办法》（证监会中国人民银行外汇局令第176号）。

9月30日，中国人民银行与印度尼西亚银行签署《关于建立促进经常账户交易和直接投资本币结算合作框架的谅解备忘录》。

10月11日，中国人民银行与韩国银行签署双边本币互换展期与修订协议将互换规模扩大为4000亿元人民币/70万亿韩元。

10月19日，中国人民银行与冰岛中央银行续签规模为35亿元人民币/700亿冰岛克朗的双边本币互换协议。

11月23日，中国人民银行与俄罗斯联邦中央银行续签规模为1500亿元人民币/17500亿俄罗斯卢布的双边本币互换协议。

11月23日，中国人民银行与香港金融管理局签署双边本币互换修订协议将互换规模扩大为5000亿元人民币/5900亿港元。

12月11日，中国人民银行会同国家外汇管理局调整跨境融资宏观审慎调节参数，将金融机构的跨境融资宏观审慎调节参数由1.25下调至1。

12月22日，中国人民银行与泰国银行续签规模为700亿元人民币/3700亿泰铢的双边本币互换协议。

2021 年

1月4日，中国人民银行会同国家发展和改革委员会、商务部、国务院国有资产监督管理委员会、中国银行保险监督管理委员会、国家外汇管理局联合发布《关于进一步优化跨境人民币政策支持稳外贸稳外资的通知》。

1月5日，中国人民银行、国家外汇管理局发布《关于调整境内企业境外放款宏观审慎调节系数的通知》，将境内企业境外放款的宏观审慎调节系数由 0.3 调至 0.5。

1月6日，中国人民银行与卡塔尔中央银行续签规模为 350 亿元人民币 /208 亿里亚尔的双边本币互换协议。

1月7日，中国人民银行与加拿大银行续签规模为 2000 亿元人民币（加拿大元互换规模按即期汇率计算）的双边本币互换协议。

1月7日，中国人民银行会同国家外汇管理局发布《关于调整企业跨境融资宏观审慎调节参数的通知》，将企业的跨境融资宏观审慎调节参数由 1.25 下调至 1。

1月27日，中银香港推出中国香港人民币央票回购做市机制。

3月1日，中国人民银行与柬埔寨国家银行签署双边本币合作协议，将本币结算范围扩大至两国已放开的所有经常和资本项下交易。

3月19日，中国人民银行与斯里兰卡中央银行续签规模为 100 亿元人民币 /3000 亿斯里兰卡卢比的双边本币互换协议。

6月4日，中国人民银行与土耳其共和国中央银行签署双边本币互换修订协议将互换规模扩大为 350 亿元人民币 /460 亿土耳其里拉。

6月9日，中国人民银行与尼日利亚中央银行续签规模为 150 亿元

人民币 /9670 亿尼日利亚奈拉的双边本币互换协议。

7 月 6 日，中国人民银行与澳大利亚储备银行续签规模为 2000 亿元人民币 /410 亿澳大利亚元的双边本币互换协议。

7 月 12 日，中国人民银行与马来西亚银行续签规模为 1800 亿元人民币 /1100 亿马来西亚林吉特的双边本币互换协议。

7 月 13 日，中国人民银行与巴基斯坦国家银行续签规模为 300 亿元人民币 /7300 亿巴基斯坦卢比的双边本币互换协议。

8 月 20 日，中国人民银行与智利中央银行续签规模为 500 亿元人民币 /60000 亿智利比索的双边本币互换协议。

9 月 6 日，中国人民银行与印度尼西亚银行正式启动中国印尼本币结算合作框架。

9 月 10 日，粤港澳三地同时发布《粤港澳大湾区"跨境理财通"业务试点实施细则》。

9 月 13 日，中国人民银行与南非储备银行续签规模为 300 亿元人民币 /680 亿南非兰特的双边本币互换协议。

9 月 15 日，中国人民银行、香港金融管理局发布联合公告，开展内地与中国香港债券市场互联互通南向合作，人民银行发布《关于开展内地与香港债券市场互联互通南向合作的通知》。

10 月 25 日，中国人民银行与日本银行续签规模为 2000 亿元人民币 /34000 亿日元的双边本币互换协议。

10 月 29 日，富时罗素公司正式宣布将中国国债纳入富时世界国债指数（WGBI）。

11 月 12 日，中国人民银行与英格兰银行续签规模为 3500 亿元人民币 /400 亿英镑的双边本币互换协议。

12月10日，人民币跨境收付信息管理二代系统上线试运行。

12月23日，中国人民银行、国家外汇管理局发布《关于支持新型离岸国际贸易发展有关问题的通知》，鼓励银行优化金融服务，为诚信守法企业开展真实、合规的新型离岸国际贸易提供跨境资金结算便利。

2022 年

1月21日，中国人民银行与印度尼西亚银行续签规模为2500亿元人民币/550万亿印尼卢比的双边本币互换协议。

1月29日，中国人民银行、国家外汇管理局发布《关于银行业金融机构境外贷款业务有关事宜的通知》，进一步支持和规范境内银行开展境外贷款业务。

5月11日，国际货币基金组织执董会完成了五年一次的特别提款权（SDR）定值审查，将人民币权重由10.92%上调至12.28%，人民币权重仍保持第三位。执董会决定，新的SDR货币篮子在2022年8月1日正式生效。

6月20日，中国人民银行印发《关于支持外贸新业态跨境人民币结算的通知》。

7月4日，中国人民银行与香港金管局签署常备互换协议，双方将自2009年起建立的货币互换安排升级为常备互换安排，协议长期有效，互换规模由原来的5000亿元人民币/5900亿港元扩大至8000亿元人民币/9400亿港元。